Elternunterhalt

Wenn Kinder zahlen sollen

Michael Baczko

5. Auflage

Inhalt

Die Unterhaltspflicht — 5
- Wer ist wem zum Unterhalt verpflichtet? — 6
- Leistungen des Staates und Unterhaltspflicht — 11
- Müssen Schwiegerkinder Unterhalt zahlen? — 18

Meine Eltern sind pflegebedürftig – was nun? — 21
- Das kann alles auf Sie zukommen — 22
- Zunächst in der Pflicht: die Pflegeversicherung — 25
- Welche Kosten übernimmt die Sozialhilfe? — 37
- Was kann das Sozialamt geltend machen? — 46
- Wenn das Sozialamt auf Sie zukommt — 67

Wie hoch ist der Unterhalt? 77
- Unterhaltsrelevantes Einkommen – was ist das? 78
- Aufstellung über Einnahmen, Ausgaben und Vermögen 81
- So wird der zu zahlende Unterhalt berechnet 93
- Welches Vermögen muss herangezogen werden? 99

Wie kann ich mich gegen Forderungen wehren? 111
- Wann und wie Sie Widerspruch und Klage erheben können 112
- Rechtsmittel bei Geltendmachung von Unterhaltsansprüchen 118
- Rechtsmittel gegen den Übergang sonstiger Ansprüche 122
- Wer trägt die Kosten? 124

- Stichwortverzeichnis 125

Vorwort

Der Staat fordert von erwachsenen Kindern Unterhalt für deren Eltern – immer mehr Menschen finden sich in dieser Situation, wenn die Eltern aufgrund bestimmter Lebensumstände Sozialhilfe bekommen. Meist geschieht dies bei Pflegebedürftigkeit der Eltern: Da die Kosten für die Betreuung und Pflege in einem Heim stark gestiegen sind, reichen die Einkünfte und das Vermögen des Heimbewohners oft nicht aus. In der Regel muss dann die Sozialhilfe den Fehlbetrag zahlen. Aber auch wenn pflegebedürftige Menschen daheim wohnen können, muss teilweise die Sozialhilfe Leistungen erbringen, da eigenes Einkommen und Vermögen der Betroffenen oft nicht ausreichen, um die notwendige Betreuung sicherzustellen. Erhalten Eltern Sozialhilfe, so müssen grundsätzlich zumindest die Kinder ihren Eltern Unterhalt zahlen.

In diesem Buch wird anhand der Erfahrungen aus der Praxis aufgezeigt, wie der Sozialhilfeträger von unterhaltspflichtigen Kindern und anderen Personen Ersatz der Sozialhilfekosten fordert. Der Schwerpunkt liegt dabei auf dem Fall, dass die Sozialhilfe bei Pflegebedürftigkeit der Eltern gezahlt wird. Hierbei wird gezeigt, wie die Berechnung richtig zu erfolgen hat und wie Sie sich erfolgreich gegen zu hohe oder unberechtigte Forderungen wehren können.

Michael Baczko

Die Unterhaltspflicht

Wenn das eigene Einkommen und Vermögen sowie die Leistungen der Pflegeversicherung nicht zur Deckung der Kosten für das Pflegeheim ausreichen, bekommen Pflegebedürftige unter bestimmten Voraussetzungen Sozialhilfe.

In diesem Kapitel erfahren Sie,

- auf wen sich Unterhaltsansprüche überhaupt erstrecken (S. 6),
- in welchen Fällen der Staat die an die Eltern gezahlte Sozialhilfe von unterhaltspflichtigen Kindern zurückfordern kann (S. 11) und
- unter welchen Voraussetzungen sich Schwiegerkinder am Unterhalt ihrer Schwiegereltern beteiligen müssen (S. 18).

Wer ist wem zum Unterhalt verpflichtet?

Gemäß § 1601 BGB sind Verwandte in gerader auf- und absteigender Linie gegenseitig zum Unterhalt verpflichtet. Verwandte in gerader Linie sind Großeltern – Kinder – Enkel etc. Somit sind nicht nur Eltern ihren Kindern zum Unterhalt verpflichtet, sondern auch Kinder gegenüber ihren Eltern – und auch Enkel ihren Großeltern und umgekehrt Großeltern ihren Enkeln. Geschwister sind gegenseitig nicht zum Unterhalt verpflichtet. Verheiratete und Geschiedene sind grundsätzlich ebenfalls gegenseitig zum Unterhalt verpflichtet. Nach § 1609 BGB stehen die Eltern jedoch an 6. Stelle. Die Unterhaltspflicht gegenüber Kindern und Ehegatten (auch geschiedenen) geht daher der Unterhaltspflicht von Kindern gegenüber Eltern vor.

Wann tritt konkrete Unterhaltspflicht ein?

Eine grundsätzliche Unterhaltspflicht besteht, wenn derjenige, der Unterhalt fordert, aufgrund eigenen Einkommens oder Vermögens nicht in der Lage ist, seinen Unterhalt zu sichern und ein sogenannter Unterhaltstatbestand besteht. Ein tatsächlicher Unterhaltsanspruch (Zahlungspflicht) besteht jedoch nur, wenn der Unterhaltspflichtige ohne Gefährdung seines eigenen Unterhaltes und dessen seiner Familie in der Lage ist, Unterhalt zu zahlen. Die Unterhaltsansprüche von vorrangig Unterhaltsberechtigten (Kinder und Ehegatten; s. o.

§ 1609 BGB) müssen zunächst befriedigt werden. Verbleibt nach Abzug dieses Unterhalts noch ein Restbetrag, der über dem Betrag liegt, der einem zum Leben verbleiben muss (s. S. 79), so ist nur dieser für den Unterhalt der Eltern einzusetzen. Müssen Sie Unterhalt für Ihre Eltern zahlen, darf dies deshalb nicht dazu führen, dass der Unterhaltsanspruch den vorrangig Unterhaltsberechtigte Ihnen gegenüber haben, reduziert wird.

Wann zahlt die Sozialhilfe?

Verfügt jemand nicht über genügend Einkommen oder Vermögen, um seinen angemessenen Lebensunterhalt zu sichern – ist er also bedürftig –, hat er Anspruch Sozialhilfe, wenn er nicht erwerbsfähig oder im Rentenalter ist. Befinden sich die Eltern oder ein Elternteil z.B. in einem Pflegeheim und sind nicht in der Lage die Kosten (oder einen Teil davon) zu zahlen, muss in der Regel die Sozialhilfe die „ungedeckten" Kosten übernehmen. Aufgrund des „Nachranggrundsatzes" (§2 SGB XII) muss jemand, bevor er Sozialhilfe beanspruchen kann, eigenes Einkommen und Vermögen einsetzen. Hierzu gehören auch Unterhaltsansprüche und sonstige Forderungen gegenüber anderen (z.B. Abgeltung für Wohnrecht, Anspruch auf Rückforderung einer Schenkung wegen Verarmung). Erhält der Bedürftige diese Leistungen jedoch (im Augenblick) nicht, muss die Sozialhilfe vorleisten.

§ 2 Abs. 1 SGB XII lautet:

> „Sozialhilfe erhält nicht, wer sich vor allem durch Einsatz seiner Arbeitskraft, seines Einkommens und seines Vermögens selbst helfen kann oder wer die erforderliche Leistung von anderen, insbesondere von Angehörigen oder von Trägern anderer Sozialleistungen, erhält."

Daraus folgt, dass auch dann, wenn tatsächliche oder vermeintliche Ansprüche des im Pflegeheim befindlichen Elternteils gegen Kinder oder andere gegeben sind, der Sozialhilfeträger immer in Vorleistung gehen und im Namen des Elternteils dann die Ansprüche gegen den (vermeintlich) Zahlungspflichtigen geltend machen muss. In § 94 SGB XII ist geregelt, dass Unterhaltsansprüche gesetzlich auf den Sozialhilfeträger übergehen. Sonstige Ansprüche (Abgeltung von Wohnrechten, Rückforderung von Schenkungen wegen Verarmung) muss der Sozialhilfeträger durch einen Bescheid zunächst auf sich überleiten, um sie dann gegen den (vermeintlich) Zahlungspflichtigen zivilrechtlich (ggf. vor dem Zivilgericht) geltend machen zu können.

Teilweise wird berichtet, dass Sozialhilfeträger unter Verweis auf (eventuell) bestehende Ansprüche des Elternteils, der nicht voll die Kosten des Pflegeheims zahlen kann, die Übernahme der Zahlungen an das Heim verweigern und die Kinder der Betroffenen „nötigen", die ungedeckten Heimkosten zu zahlen. Diese Vorgehensweise ist rechtswidrig. Nur wenn Angehörige oder Dritte tatsächlich freiwillig bereit und in der Lage sind, dem Hilfesuchenden Leistungen zukommen zu lassen, darf vom Sozialhilfeträger auf die Selbsthilfe verwiesen werden. Weiter ist erforderlich, dass die benötigten Mittel auch im Zeitpunkt des bestehenden und aktuell noch nicht befriedigten Bedarfs tatsächlich zur Verfügung stehen (Grundsatz der Zeitidentität; BVerwGE, 21 S. 208, 212; 67 S. 163, 166; Kommentar von Grube/Wahrendorf, a. a. O., § 2 Rn. 10; Mergler/Zink, Handbuch der Grundsicherung und Sozialhilfe, Teil 2, Stand: 2005, Rn. 15 f.). Somit kann die Zahlung der Sozialhilfe an den Elternteil nur dann verweigert werden, wenn tatsächlich von den Kindern die ungedeckten Heimkosten ganz oder teilweise übernommen werden. Wenn Mitarbeiter der Sozialhilfebehörden „Druck" ausüben, soll vermutlich damit erreicht werden, dass aufgrund der „tatsächlichen Zahlung anderer" Sozialhilfebedürftigkeit nicht vorliegt.

Für die Ablehnung von Sozialhilfeansprüchen reicht es nicht aus, wenn zwar ein Anspruch des „bedürftigen" Elternteils auf eine vorrangige Leistung gegen einen Dritten (Unterhaltsanspruch oder Anspruch auf Widerruf der Schenkung wegen Verarmung, Abgeltung von Wohnrechten, Wart und Pflege) gegeben ist. Dieser Anspruch muss tatsächlich realisierbar sein bzw. es muss eine tatsächliche Zahlung erfolgen. Ist dies nicht der Fall, muss der Sozialhilfeträger in Vorleistung gehen und ggf. vor dem Familiengericht (bei Unterhaltsansprüchen) oder dem Zivilgericht (bei sonstigen Ansprüchen) die Leistung gegen die Kinder oder sonstige Personen einklagen.

Beantragen Kinder bei der Sozialhilfebehörde, die Übernahme der ungedeckten Heimkosten für ihre Eltern und wird diese verweigert, ist es möglich, im Namen des betroffenen Elternteils (soweit sie Vollmacht haben oder Betreuer sind) beim

Sozialgericht per einstweiliger Anordnung zu beantragen, dass die Sozialhilfe die ungedeckten Heimkosten vorläufig übernimmt.

Welche Unterhaltsansprüche darf der Sozialhilfeträger geltend machen?

Familienrechtlich (§ 1601 BGB) sind Verwandte in gerader Linie gegenseitig zum Unterhalt verpflichtet (also auch Enkel gegenüber Großeltern und umgekehrt). Dagegen ist im Sozialhilferecht (§ 94 SGB XII) geregelt, dass der Sozialhilfeträger nur Unterhaltsansprüche gegen Verwandte ersten Grades, also von Eltern gegenüber Kindern und umgekehrt geltend machen darf. Unterhaltsansprüche dürfen vom Sozialhilfeträger nicht geltend gemacht werden, wenn der betroffene Elternteil Grundsicherung bei dauernder voller Erwerbsminderung oder im Alter erhält. Weitere Voraussetzung ist, dass das zu versteuernde Jahreseinkommen des unterhaltpflichtigen Kindes weniger als 100.000 Euro beträgt. Ist also Ihr Vater oder Ihre Mutter im Pflegeheim und erhält er oder sie Grundsicherung bei Erwerbsminderung oder im Alter, so kann dieser Betrag in der Regel nicht von Ihnen gefordert werden.

Leistungen des Staates und Unterhaltspflicht

Die Tabelle zeigt, in welchen Situationen Ihre Eltern Leistungen vom Staat erhalten können und der Staat einen Unterhaltsanspruch Ihnen gegenüber geltend machen kann. Bei den dargestellten, möglichen Leistungen ist immer Voraussetzung, dass das eigene Einkommen aus Erwerbstätigkeit, Rente etc. unter dem sozialhilferechtlichen Bedarf bzw. unter dem Bedarf des ALG II liegt. Dass Ihre Eltern pflegebedürftig werden und das eigene Einkommen und Vermögen sowie die Leistungen der Pflegeversicherung nicht zur Deckung der Kosten ausreichen, ist dabei nur eine Situation von vielen, in die allerdings immer mehr Menschen geraten.

Eltern/ Elternteil	Mögliche Leistungen	Kann der Staat Unterhaltsanspruch gegenüber den Kindern geltend machen?
18. bis 65. Lj. (bzw. 67 Lj.), erwerbsfähig oder teilweise erwerbsfähig	Alg II	Nein, wenn Eltern den Unterhalt nicht geltend machen oder mit Kindern in einer Bedarfsgemeinschaft wohnen
	Sozialhilfe	Ja
18. bis 65. Lj. (bzw. 67 Lj.), dauernd voll erwerbsgemindert (z. B. pflegebedürftig)	Grundsicherung bei Erwerbsminderung	Nur wenn der Unterhaltspflichtige über ein zu versteuerndes Einkommen von mehr als 100.000 Euro verfügt
	Sozialhilfe	Ja

Eltern/ Elternteil	Mögliche Leistungen	Kann der Staat Unterhaltsanspruch gegenüber den Kindern geltend machen?
18. bis 65. Lj. (bzw. 67 Lj.), nicht arbeitsfähig und vorübergehend voll erwerbsgemindert[1]	Sozialhilfe	Ja
Über 65. Lj. (bzw. 67 Lj.), mit keinen Einkünften bzw. Vermögen, oder Einkünften oder Vermögen, die/welches zur Sicherung des Lebensunterhalts nicht ausreicht (z. B. pflegebedürftig)	Grundsicherung im Alter	Nur wenn der Unterhaltspflichtige über ein zu versteuerndes Einkommen von mindestens 100.000 Euro jährlich verfügt
	Sozialhilfe	Ja

[1] In diesem Fall sind Eltern auch ihren volljährigen Kindern zum Unterhalt verpflichtet und müssen einen Teil der Sozialhilfe erstatten.

Hat ein Elternteil das 65. (bzw. 67.) Lebensjahr noch nicht vollendet, ist er arbeitsfähig und erhält er Arbeitslosengeld II, so darf in der Regel von den unterhaltspflichtigen Kindern nicht der Ersatz des ALG II gefordert werden. Dagegen müssen unterhaltspflichtige Kinder (oder Eltern) grundsätzlich Leistungen der Sozialhilfe, die Eltern oder Kinder erhalten, erstatten, wenn sie dazu in der Lage sind.

Übernimmt die Sozialhilfe für einen Elternteil ganz oder teilweise die Kosten für ein Alters- oder Pflegeheim und erhält der Betroffene Grundsicherung im Alter oder bei Erwerbsminderung, so ist dieser Betrag rechnerisch als „Einkommen" des Sozialhilfeempfängers/Heimbewohners anzusetzen.

Teilweise besteht die irrige Meinung, unterhaltspflichtige Kinder bräuchten für die an ihre Eltern gezahlte Sozialhilfe nicht aufkommen, wenn ihr zu versteuerndes Einkommen unter 100.000 Euro jährlich liegt. Diese Einkommensgrenze bezieht sich jedoch nur auf die Leistungen der Grundsicherung nach dem 4. Kapitel des SGB XII. Wird zusätzlich zur Grundsicherung Sozialhilfe geleistet, ist diese vom unterhaltspflichtigen Kind im Rahmen seiner Leistungsfähigkeit grundsätzlich zu erstatten. Dagegen können sonstige Ansprüche des Hilfebedürftigen, wie z. B. Anspruch auf Rückforderung von Schenkungen, Abgeltung für Wart und Pflege und/oder ein Wohnrecht Leistungen der Grundsicherung verhindern, da diese Ansprüche rechnerisch Vermögen bzw. Einkommen darstellen, welches auf die Grundsicherung angerechnet wird.

Erhält ein Elternteil Sozialhilfe, z. B. wegen Unterbringung in einem Heim, und ist verheiratet, so wird der andere Ehegatte (auch wenn er nicht im Heim ist) ebenfalls zum Sozialhilfeempfänger, d. h. er hat nur noch Anspruch auf den Regelsatz der Sozialhilfe und die angemessenen Unterkunfts- und Heizkosten. Das darüber hinausgehende Einkommen muss für die ungedeckten Kosten des Ehepartners verwendet werden, ebenfalls ggf. Vermögen, welches über dem Schonbetrag liegt.

Der Unterhaltsanspruch ist ausgeschlossen

In bestimmten Fällen muss entweder nicht der volle oder gar kein Unterhalt gezahlt werden. Nach § 1611 BGB braucht Unterhalt nur nach sogenannter Billigkeit geleistet werden,

d. h. ein reduzierter Unterhaltsbetrag, wenn der Unterhaltsberechtigte durch sein sittliches Verschulden bedürftig geworden ist oder er selbst seine Unterhaltspflicht gegenüber dem Unterhaltsverpflichteten gröblich vernachlässigt oder er sich vorsätzlich einer schweren Verfehlung gegen den Unterhaltsverpflichteten oder dessen nahen Angehörigen schuldig gemacht hat. Daneben kann bereits der Übergang des Unterhaltsanspruches wegen Vorliegens einer unbilligen Härte (§ 94 Abs. 3 Nr. 2 SGB XII) ausgeschlossen sein. Der Unterhaltsverpflichtete muss die Ausschlussgründe beweisen können (z. B. durch Zeugen, Urkunden etc.).

Grobe Unbilligkeit

Liegt eine sog. grobe Unbilligkeit gegen einen der Unterhaltsverpflichteten vor, entfällt der Unterhaltsanspruch insgesamt. Der Wegfall der Unterhaltsverpflichtung besteht jedoch nur gegen diesen einen Unterhaltsverpflichteten. Andere Unterhaltspflichtige, also andere Kinder, müssen eventuell Unterhalt zahlen. Grobe Unbilligkeit liegt vor, wenn es bei Würdigung der Gesamtumstände grob unbillig wäre, dem Kind zuzumuten, für den Unterhalt seiner Eltern aufzukommen.

Gröbliche Vernachlässigung

Eine gröbliche Vernachlässigung kann vorliegen, wenn sich der Elternteil früher nicht um das minderjährige Kind gekümmert hat, insbesondere seine Pflicht zum Betreuungsunterhalt, seine Aufsichtspflicht oder seine Beistands- und Rücksichtspflicht nachdrücklich verletzt hat. In diesem Zusammenhang ist auf ein Urteil des Bundesgerichtshofs vom

21. April 2004 (XII ZR 251/01) hinzuweisen. Danach kann der Übergang des Unterhaltsanspruchs eines Elternteils auf den Träger der Sozialhilfe wegen unbilliger Härte ausgeschlossen sein, wenn der Elternteil wegen seiner auf seine Kriegserlebnisse zurückzuführenden psychischen Erkrankung nicht in der Lage war, für das auf Elternunterhalt in Anspruch genommene Kind zu sorgen.

In Abgrenzung und zur Klarstellung hat der Bundesgerichtshof in seinem Urteil vom 15. September 2010 (Az: XII ZR 148/09) entschieden, dass allein eine entsprechende Erkrankung des Elternteils (hier der Mutter) noch nicht zum Unterhaltsausschluss führt, es müssen vielmehr besondere Umstände hinzukommen. Im vorliegenden Fall verhielt es sich wie folgt.

Beispiel

Frau M. befindet sich seit April 2005 in einem Pflegeheim. Sie litt schon während der Kindheit des Beklagten an einer Psychose mit schizophrener Symptomatik und damit einhergehend an Antriebsschwäche und Wahnideen. Frau M. hat den 1961 geborenen Beklagten bis zur Trennung und Scheidung von ihrem damaligen Ehemann im Jahr 1973 – mit Unterbrechungen wegen zum Teil längerer stationärer Krankenhausaufenthalte – erzogen und versorgt.

Im Gegensatz zum Urteil des BGH vom 21. April 2004 hat in diesem Fall die Mutter trotz ihrer Erkrankung das minderjährige unterhaltspflichtige Kind erzogen und versorgt.

Ein Unterhaltsausschluss kann ebenfalls gegeben sein, wenn sich der Elternteil nicht um das Kind gekümmert hat, als es noch minderjährig war, insbesondere nach der Scheidung. Ein „Nichtkümmern" nach der Volljährigkeit oder ein Kontaktabbruch führen nicht zur Verwirkung des Unterhaltsanspruches.

Kindesmissbrauch

Es versteht sich von selbst, dass Kindesmissbrauch ebenfalls Unterhalt ausschließt. Oft wurden solche Vorfälle nicht zur Anzeige gebracht. Dann sollte man mit entsprechenden Opferschutzeinrichtungen wie z. B. dem Weißen Ring klären, ob nicht in einem Verfahren auf Entschädigung nach OEG (Opferentschädigungsgesetz) Nachweise für den Kindesmissbrauch erbracht werden können.

Alkoholismus, Drogensucht und anderes

Eine nicht nur durch einfaches Verschulden begründete Bedürftigkeit, die den Unterhaltsanspruch ausschließt, kann vorliegen, wenn die fehlende Altersversorgung auf Arbeitsscheue, Alkoholismus oder Drogensucht zurückzuführen ist. Allerdings kann man in diesen Fällen des § 1611 BGB nicht davon ausgehen, dass der Unterhaltsanspruch insgesamt entfällt. Je nach Grad des Verschuldens kann er auch nur herabgesetzt werden.

Wie werden diese Tatbestände berücksichtigt?

In der Praxis sind die Ausschlusstatbestände des § 1611 BGB oder des § 94 Abs. 3 Nr. 2 SGB XII dadurch nachzuweisen, dass man zum Beispiel eidesstattliche Erklärungen von Zeugen beibringt oder Gerichtsurteile, aus denen sich ergibt, dass der Elternteil gerichtlich zum Unterhalt verurteilt worden ist und nicht gezahlt hat. Die Nichtzahlung oder zögerliche Zahlung kann nachgewiesen werden, indem man Nachweise über die – ggf. vergebliche – Vollstreckung vorlegt. Teilweise liegen dann auch strafrechtliche Verurteilungen des Unterhaltsschuldners wegen Unterhaltspflichtverletzung vor.

Verwirkung des Unterhalts

Von einer Verwirkung kann ausgegangen werden, wenn der konkrete Unterhaltsbetrag längere Zeit nicht geltend gemacht wurde, obwohl der Sozialhilfeträger dazu in der Lage gewesen wäre und der Unterhaltsverpflichtete sich mit Rücksicht auf das Verhalten der Behörde darauf eingerichtet hat, dass kein Unterhalt mehr gefordert wird. Der Behörde müssen aber alle Umstände bekannt gewesen sein, so dass sie in der Lage war, den Unterhaltsanspruch zu berechnen. Nicht ausreichend ist es, wenn der Unterhaltsverpflichtete alle Angaben gemacht hat, die Berechnung sich jedoch verzögert, da die Sozialhilfebehörde noch weitere Ermittlungen vornimmt, z. B. den Wert eines Grundstücks ermittelt. In einem Fall, in dem mehr als ein Jahr verstrich, hat der BGH (Bundesgerichtshof) in seinem Urteil vom 23.10.2002 angenommen, dass Verwirkung eingetreten sein könnte. In diesem Fall musste das Kind keinen Unterhalt zahlen.

Müssen Schwiegerkinder Unterhalt zahlen?

Das Schwiegerkind ist seinen Schwiegereltern zwar nicht unterhaltsverpflichtet, aber: Der Bundesgerichtshof hat es für zulässig erachtet hat, dass das Einkommen des (nicht unterhaltspflichtigen) Schwiegerkindes bei der Berechnung des zu zahlenden Elternunterhalts seines Ehegatten Berücksichtigung findet. In den Fällen, die vom Bundesgerichtshof entschieden worden sind, stand dem Ehegatten (Schwiegerkind) des unterhaltspflichtigen Kindes ein im Verhältnis relativ hohes Einkommen zur Verfügung, teilweise war auch entsprechendes Vermögen – zumindest selbst bewohntes Immobilieneigentum – vorhanden.

Der BGH hat dies in seinen Urteilen damit begründet, dass es bei der Frage der Leistungsfähigkeit des gegenüber seinen Eltern unterhaltspflichtigen Kindes auf die gesamtwirtschaftliche Situation des unterhaltspflichtigen Kindes und seines Ehegatten ankomme und somit also auch auf das Gesamtfamilieneinkommen. Bei guten Einkommens- und Vermögensverhältnissen müsse auch die kaum oder nicht verdienende Ehefrau, die grundsätzlich gegenüber ihren Eltern zum Unterhalt verpflichtet ist, zumindest von ihrem Taschengeldanspruch gegenüber ihrem Ehegatten einen Beitrag zum Unterhalt ihrer Eltern beitragen. Für den Ehemann gilt bei umgekehrter Konstellation dasselbe.

Liegt ein sogenannter auskömmlicher Familienunterhalt vor, so wird davon ausgegangen, dass das unterhaltspflichtige

Kind daraus angemessen versorgt wird. In den entschiedenen Fällen wurde jeweils die Quote ermittelt, mit welcher der in Anspruch genommene Ehegatte zum gemeinsamen Familieneinkommen beiträgt. Dazu wird das beiderseitige bereinigte Einkommen addiert. Liegt dieses über dem Selbstbehalt (s. S. 93), so ist der überschießende Teil zum Unterhalt der Eltern heranzuziehen. Es wird also nicht der gesamte den Familienselbstbehalt übersteigende Betrag, sondern nur der Anteil, der im Verhältnis zum gesamten Familieneinkommen des Unterhaltspflichtigen gegeben ist, zum Elternunterhalt herangezogen (zur Berechnung, s. S. 77 ff. und 94 ff.). Somit muss in der Praxis das Schwiegerkind zum Unterhalt der Eltern seines Ehepartners beitragen.

> Eine Ausnahme der Schwiegerkindhaftung gilt nur, wenn nachweisbar das gesamte Einkommen des Schwiegerkindes für den Familienunterhalt verbraucht wird.

Wie können sich Schwiegerkinder vor Unterhaltszahlungen schützen?

Ob und wie einer verdeckten Unterhaltspflicht der Schwiegerkinder entgegnet werden kann, ist noch unklar. Von einer verdeckten Unterhaltspflicht der Schwiegerkinder spricht man, wenn das an und für sich unterhaltspflichtige Kind, weil es entweder kein oder nur eine sehr niedriges Einkommen hat, eigentlich keinen Unterhalt zahlen müsste, jedoch aufgrund der guten Einkommens- und Vermögensverhältnisse des Ehegatten zu einer Unterhaltszahlung für die Eltern herangezogen wird. Da die Unterhaltszahlung in diesen Fällen tatsächlich aus Mitteln des Schwiegerkindes erfolgt, spricht man von einer verdeckten Unterhaltspflicht des Schwiegerkindes.

Zurzeit können potenziell unterhaltspflichtige Schwiegerkinder einer möglichen indirekten Unterhaltszahlung an ihre Schwiegereltern nur dadurch entgehen, dass sie durch eine entsprechende Vertragsgestaltung (Ehevertrag mit Gütertrennung etc.) versuchen, im Rahmen der von der Rechtsprechung gezogenen Grenzen das Risiko der verdeckten Schwiegerkinderhaftung zu minimieren. Es sei aber darauf hingewiesen, dass der Bundesgerichtshof im Jahr 2004 Regeln aufgestellt hat, die den Abschluss entsprechender Eheverträge schwieriger gestalten, da deren Gültigkeit einer sogenannten Billigkeits- bzw. Missbrauchskontrolle unterworfen wird.

Drum prüfe, wer sich ewig bindet, ...

Will ein Paar heiraten und besteht die Gefahr, dass das künftige Schwiegerkind wegen des im Vergleich zum Partner hohen Einkommens jetzt oder in Zukunft zum Unterhalt der Schwiegereltern beitragen müsste, empfiehlt es sich, den Rat eines kompetenten, im Elternunterhalt erfahrenen Anwalts einzuholen. Steuerberater sind hierzu in der Regel nicht qualifiziert.

Meine Eltern sind pflegebedürftig – was nun?

Was nach Eintritt der Pflegebedürftigkeit zu tun ist bzw. was im Fall eines Antrags auf Sozialhilfe auf Sie zukommen kann, zeigen wir Ihnen in einem Ablaufschema.

Außerdem erfahren Sie in diesem Kapitel,

- welche Leistungen die Pflegeversicherung erbringt (S. 25),
- welche Kosten die Sozialhilfe übernimmt (S. 37),
- in welchen Fällen der Sozialhilfeträger die an Ihre Eltern gezahlte Sozialhilfe von Ihnen zurückfordern kann (S. 46) und
- wie das Sozialamt Auskünfte und Zahlungen von Ihnen fordert (S. 67).

Das kann alles auf Sie zukommen

Folgendes Ablaufschema gibt Ihnen einen ersten Überblick über die grundlegenden Abläufe, wenn Ihre Eltern pflegebedürftig werden. Ab Punkt 3 gelten die Abläufe auch dann, wenn Ihre Eltern zwar nicht pflegebedürftig sind, aber aus anderen Gründen Sozialhilfe empfangen und Sie unterhaltspflichtig sind (siehe Übersicht S. 11). Die einzelnen Punkte erläutern wir in den folgenden Kapiteln jeweils ausführlich.

1 Elternteil wird pflegebedürftig. Antrag auf Leistungen der Pflegeversicherung stellen, ggf. gegen negativen Bescheid Widerspruch und Klage einlegen.

2 Einkommen und Vermögen des Elternteils sowie die Leistungen der Pflegeversicherung reichen nicht für die Pflegkosten aus. → Eltern(teil)/Kinder/sonstige Angehörige/andere stellen Antrag auf Sozialhilfe.

3 Sozialhilfeträger prüft Einkommen und Vermögen des Pflegebedürftigen. → Der ungedeckte Bedarf wird festgestellt: Dies ist der Fehlbetrag zwischen dem Betrag der für die Pflege zu zahlen ist und dem Betrag, den der Pflegebedürftige aus eigenem Einkommen (einschließlich der Leistungen der Pflegeversicherung und ggf. der Grundsicherung) und Vermögen selbst zahlen kann,

4 Sozialhilfeträger übernimmt den ungedeckten Bedarf vorerst. → Der Pflegebedürftige erhält Sozialhilfe/das Heim erhält von der Sozialhilfe die Heimkosten.

5 Sozialhilfeträger schickt eine sog. Rechtswahrungsanzeige und ein Auskunftsersuchen über Einkommen und Ver-

mögen der Kinder an die Kinder. Mit diesem Schreiben ist manchmal auch ein Auskunftsersuchen über Schenkungen der Eltern in den letzten 10 Jahren und sonstigen Ansprüchen der Eltern verbunden.

6 Sozialhilfeträger prüft, ob Unterhaltsansprüche sowie ob und welche sonstigen Forderungen neben Unterhaltsansprüchen des Pflegebedürftigen gegen andere (auch Kinder) bestehen (Schenkungswiderruf, Wohnrecht etc.). Bestehen nach Ansicht der Sozialhilfebehörde solche Forderungen (ausgenommen Unterhaltsansprüche) geschieht folgendes:

a.) Die Behörde erlässt einen Überleitungsbescheid mit dem sie dem Schuldner mitteilt, dass sie die Forderung (Schenkungswiderruf, Abgeltung von Wohnrechten etc.) auf sich überleitet, und fordert den Schuldner auf, an die Sozialhilfebehörde die Forderung – also den ungedeckten monatlichen Bedarf (Ersatz der Sozialhilfe) – zu zahlen. Der Schuldner kann innerhalb von einem Monat gegen diesen Überleitungsbescheid Widerspruch bei der Behörde und nach einem negativen Widerspruchsbescheid Klage vor dem Sozialgericht einlegen.

Achtung: Das Sozialgericht prüft nicht, ob der zivilrechtliche Anspruch besteht, sondern nur, ob die verwaltungsrechtlichen Verfahrensweisen eingehalten worden sind. Bleiben Widerspruch und Klage erfolglos, bedeutet dies noch nicht, dass der Anspruch tatsächlich besteht, dafür sind die Zivilgerichte zuständig. → Bleiben Widerspruch vor der Behörde und Klage vor dem Sozialgericht erfolglos, muss noch nicht gezahlt werden. Die Behörde kann die Forderung nicht vollstrecken (sie kann also nicht den Gerichtsvollzieher/Vollstreckungsbeamten schicken).

b.) Bleiben Widerspruch und Klage vor dem Sozialgericht erfolglos und zahlt der Schuldner nicht, wird er von der Behörde vor dem Zivilgericht verklagt, teilweise wird auch ein Mahnverfahren über das Zivilgericht eingeleitet. Es ergeht ein Mahnbescheid, gegen den man innerhalb 2 Wochen Widerspruch beim Mahngericht einlegen kann - macht man dies, wird das Klageverfahren durchgeführt.

7 Sozialhilfeträger stellt fest, dass diese Forderungen auch nicht ausreichen, um den Fehlbetrag zu decken.

8 Ist das Kind der Aufforderung nach Auskunft nachgekommen, stellt der Sozialhilfeträger fest, ob das Kind aufgrund seines Vermögens und/oder Einkommens für die Eltern/den Elternteil (zumindest teilweise) Unterhalt zahlen kann

9 Sozialhilfeträger fordert zu Unterhaltszahlungen rückwirkend ab Rechtswahrungsanzeige (Zeitpunkt der Mitteilung an Kinder, dass Sozialhilfe gezahlt wird) auf, sowie zu laufenden monatlichen Unterhaltszahlungen.

10 Kind prüft diese Berechnungen.

11 a.) Kind zahlt.
b.) Kind zahlt nicht. Da die Aufforderung der Behörde an das Kind, Unterhalt zu zahlen, kein behördlicher Bescheid ist, kann die Behörde nicht vollstrecken. Gegen diese „Zahlungsaufforderung" kann man deshalb keinen formellen Widerspruch einlegen und vor dem Sozialgericht

klagen, sondern Gegenvorstellungen bei der Behörden erheben. → Einigt man sich nicht und das Kind zahlt nicht, wird es vor dem Familiengericht auf Unterhaltszahlung ab Rechtswahrungsanzeige verklagt. Da die Behörde Geld sparen will, wird oft nur Klage auf Zahlung des (angeblich) rückständigen Unterhaltes erhoben. Im Rahmen des gerichtlichen Verfahrens kann dann eine Regelung hinsichtlich des zu zahlenden Unterhaltes getroffen werden. Da keine gesetzlichen Bestimmungen existieren, wie sich der Unterhalt berechnet, und die Rechtsprechung und Behördenpraxis aufgrund der Rechtsunsicherheit uneinheitlich ist, besteht in manchen Fällen eine hohe Chance, im Rahmen eines Unterhaltsprozesses, den die Sozialhilfebehörde einleitet, zumindest auf dem Vergleichswege eine Reduzierung des geforderten Unterhaltes zu erreichen.

Zunächst in der Pflicht: die Pflegeversicherung

Um eine Unterhaltszahlung für die Eltern zu vermeiden oder zu verringern, sollte zunächst geprüft werden, ob Leistungen von der Pflegeversicherung zu erbringen sind und ggf. auch, ob die richtige Einstufung in der Pflegeversicherung vorliegt. Gerade im ambulanten Bereich erfolgt oft eine zu niedrige Einstufung in der Pflegeversicherung.

Achtung: Während eine Einstufung in Pflegstufe 3 bei ambulanten Leistungen eine Ersparnis mit sich bringt, ist bei einer

Heimunterbringung in der Regel das Gegenteil der Fall. Die Mehrkosten bei den Leistungen im Pflegeheim bei Wechsel von der Pflegestufe II zu III sind in der Regel höher als die zusätzlichen Leistungen der Pflegeversicherung, so dass dann die Sozialhilfe mehr zahlen muss und somit im Prinzip auch das unterhaltspflichtige Kind.

Was die Pflegeversicherung leistet

Zunächst ist darauf hinzuweisen, dass die Leistungen der gesetzlichen Pflegeversicherung in der Regel zu niedrig sind und die vollen Kosten der Pflege, insbesondere im Heim, nicht abdecken. Es ist somit ratsam, nicht nur für sich selbst, sondern auch – soweit dies noch möglich ist – rechtzeitig für die Eltern eine private Pflegeversicherung abzuschließen, will man das Risiko von Unterhaltszahlungen aus Einkommen oder Vermögen vermeiden bzw. vermindern.

Die Leistungen der Pflegeversicherung werden nur auf Antrag erbracht. Naturgemäß kann nur derjenige, der pflegebedürftig ist, diesen Antrag stellen. Natürlich kann er auch jemanden mit der Antragstellung bevollmächtigen. Sollten Ihr pflegebedürftiger Vater bzw. Ihre pflegebedürftige Mutter Ihnen keine Vollmacht erteilt haben oder dazu nicht mehr in der Lage sein, können Sie (oder jemand anderes; hier gibt es keine Einschränkungen) beim Vormundschaftsgericht einen Antrag auf Bestellung eines Betreuers stellen.

> Damit es nicht so weit kommt, sollten Ihre Eltern frühzeitig eine sogenannte Betreuungs- und Vorsorgevollmacht erstellen. Informationen hierzu bekommen Sie in dem Buch „Die Vorsorge-Mappe" von Michael Baczko und Constanze Trilsch (s. S. 127).

Gleichwohl sollten Sie, wenn Sie die ambulante Pflegeleistung erbringen oder diese von anderen erbracht wird, zunächst im Namen Ihres pflegebedürftigen Vaters bzw. Ihrer pflegebedürftigen Mutter den Antrag stellen. So verlieren Sie keine Zeit, wenn der Pflegebedürftige nicht in der Lage ist, selbst den Antrag zu stellen. Wenn bei Nicht-Heimunterbringung Leistungen der Pflegeversicherung in Anspruch genommen werden sollen, bestehen grundsätzlich zwei Möglichkeiten:

- Entweder die Pflegeleistung wird durch geschulte Kräfte im Rahmen der häuslichen Pflegehilfe erbracht. In diesem Fall wird die Pflegekraft direkt von der Pflegeversicherung bezahlt (= Sachleistung).
- Oder es werden monatliche Zahlungen für eine selbst beschaffte Pflegehilfe erbracht – egal, ob Sie die Pflege selbst übernehmen oder an jemand anderen übertragen. Die Verwendung dieser Geldleistung wird nicht überprüft.

Seit der Pflegereform 2008 können monatlich Sachleistungen bis zu folgendem Wert in Anspruch genommen werden.

Sachleistungen bei Erbringung der Pflegeleistung durch geschulte Kräfte im Rahmen der häuslichen Pflege		
Pflegestufe	seit 2010	ab 2012
I	bis zu 440 Euro	450 Euro
II	bis zu 1.040 Euro	1.100 Euro
III	bis zu 1.510 Euro	1.550 Euro
für Härtefälle im ambulanten Bereich bis 1.918 Euro mtl.		

In Härtefällen der Pflegestufe III (außergewöhnlich hoher Pflegeaufwand) können die Pflegekassen bis zu 1.918 Euro im Monat gewähren.

Pflegegeld für eigenerbrachte oder selbst beschaffte Pflegehilfen		
Pflegestufe	seit 2010	ab 2012
I	225 Euro	235 Euro
II	430 Euro	440 Euro
III	685 Euro	700 Euro

Pflegegeld bei Unterbringung in vollstationären Einrichtungen		
Pflegestufe	seit 2010	ab 2012
I	1.023 Euro	1.023 Euro
II	1.279 Euro	1.279 Euro
III	1.510 Euro	1.550 Euro
als Härtefall Eingestufte	1.825 Euro	1.918 Euro

Die gesetzliche Pflegeversicherung reicht bei einer Pflegeheimunterbringung nicht mehr aus, um die vollen Kosten zu decken. Es empfiehlt sich deshalb, die finanziellen Risiken für

Angehörige (Elternunterhalt) mit einer privaten Pflegezusatzversicherung abzusichern. Bevor Sie für Ihre pflegebedürftige Mutter bzw. Ihren pflegebedürftigen Vater an ein Pflegeheim denken, empfiehlt es sich – soweit dies räumlich und personell möglich ist –, mit Unterstützung der Pflegeversicherung die Betreuung und Pflege zu Hause sicherzustellen. Dies ist nicht nur kostengünstiger, sondern in der Regel auch für den Betroffenen angenehmer.

Seit 2008 können mehrere Pflegebedürftige z. B. in ambulant betreuten Seniorenwohngemeinschaften, aber auch in der näheren Nachbarschaft Hilfeleistungen gemeinsam in Anspruch nehmen. Man spricht vom „Poolen" der Leistungen.

Menschen mit demenzbedingten Störungen, mit geistigen Behinderungen oder psychischen Erkrankungen haben häufig einen Hilfe- und Betreuungsbedarf, der mit den Kriterien der Pflegebedürftigkeit nicht erfasst wird, da sie körperlich oft vergleichsweise rüstig sind. 2008 wurde je nach Betreuungsbedarf ein monatlicher Grundbetrag von 100 Euro bzw. ein erhöhter Betrag von 200 Euro für zu Hause Betreute eingeführt.

Arbeitnehmer können kurzfristig eine Freistellung von bis zu 10 Tagen beanspruchen, um eine akut aufgetretene Pflegesituation bei einem nahen, bisher noch nicht pflegebedürftigen Angehörigen zu organisieren.

Daneben besteht seit 2008 Anspruch auf eine längere Pflegezeit für Arbeitnehmer in Betrieben mit mehr als 15 Beschäftigten. Bis zu 6 Monaten kann man sich zur Pflege eines nahen Angehörigen mit Arbeitsplatzgarantie unbezahlt freistellen lassen. In dieser Pflegezeit wird die Beitragszahlung zur Rentenversicherung – wie bereits nach bisherigem Recht – von der Pflegekasse übernommen, wenn die Pflegeperson mindestens 14 Stunden in der Woche pflegt. Auch die Beiträge zur Arbeitslosenversicherung werden von der Pflegekasse übernommen, ggf. auch der Mindestbeitrag zur Kranken- und Pflegeversicherung. Nahe Angehörige im Sinne des Gesetzes sind Großeltern, Eltern, Schwiegereltern, Ehegatten, Lebenspartner, Kinder, Schwiegerkinder und Enkel.

Die Pflegereform 2008 soll ferner den Aufbau von Pflegestützpunkten als wohnortnahe Anlauf- und Beratungsstellen für Pflegende und Pflegebedürftige bringen. Detaillierte Informationen zur Pflegereform finden Sie im TaschenGuide „Pflegeversicherung" (s. S. 127).

Kurzzeitpflege und teilstationäre Aufnahme

Im Rahmen der Pflegeversicherung besteht die Möglichkeit, bis zu vier Wochen im Kalenderjahr die sogenannte Kurzzeitpflege in einer stationären Einrichtung (Pflegeheim) in Anspruch zu nehmen. Auch die Kosten einer Ersatzpflegekraft können übernommen werden, wenn die Pflegeperson wegen Erholungsurlaub, Krankheit oder aus anderen Gründen daran gehindert ist, die Pflegeleistung zu erbringen (Verhinderungspflege). Verhinderungs- und Kurzzeitpflege können jeweils extra genommen werden.

Außerdem besteht ein Anspruch auf teilstationäre Aufnahme in Einrichtungen der Tages- oder Nachtpflege, wenn die häusliche Pflege nicht im erforderlichen Umfang sichergestellt werden kann oder wenn die teilstationäre Pflege zur Ergänzung oder Sicherung der häuslichen Pflege notwendig ist.

Erkundigen Sie sich daher, ob ggf. bei Ihnen eine entsprechende Einrichtung vorhanden ist. Beispielsweise wäre es denkbar, dass Ihre pflegebedürftige Mutter bzw. Ihr pflegebedürftiger Vater tagsüber, während Sie arbeiten, in einer entsprechenden Einrichtung untergebracht ist, oder aber dass Sie sich tagsüber um Ihre Eltern kümmern und Ihr Vater bzw. Ihre Mutter nachts in der Einrichtung ist.

Häusliche Krankenpflege

Zusätzlich zu den Leistungen der Pflegeversicherung kann auch Anspruch auf häusliche Krankenpflege bestehen. Daran wird oft nicht gedacht und es wird unterlassen, einen entsprechenden Antrag zu stellen. Fragen Sie deshalb beim Hausarzt, der dies verordnen muss, nach. Durch die *zusätzliche* Inanspruchnahme der häuslichen Krankenpflege auf Kosten der Krankenkasse kann somit die Kostenbelastung für pflegebedürftige Person vermindert werden.

Häusliche Krankenpflege wird in der Regel von einer examinierten Fachkraft zu Hause erbracht. Kostenträger sind die Krankenkassen und nicht die Pflegeversicherung. Um diese Leistungen zu erhalten, muss man nicht pflegebedürftig im Sinne der Pflegeversicherung sein.

Voraussetzungen der Verordnung einer ambulanten Krankenpflege:

- Die ärztliche Verordnung erfolgt wegen medizinischer Notwendigkeit.
- Die häusliche Pflege wird im Haushalt des Versicherten oder seiner Familie erbracht. Sie umfasst:
  - **Behandlungspflege:** Maßnahmen der ärztlichen Behandlung, üblicherweise delegiert an Pflegefachkräfte, die dazu dient, Krankheiten zu heilen, eine Verschlimmerung zu verhindern oder Beschwerden zu lindern oder/und
  - **Grundpflege:** Grundverrichtungen des täglichen Lebens und
  - **Hauswirtschaftliche Versorgung:** Maßnahmen zur Aufrechterhaltung einer eigenständigen Haushaltsführung.
- Es besteht nur dann ein Anspruch, wenn der Versicherte oder eine im Haushalt lebende Person die erforderlichen Leistungen nicht selbst erbringen kann.
- Für die Zeit einer voll- oder teilstationären Behandlung besteht keine Verordnungsmöglichkeit.

Die Verordnung von Grundpflege oder hauswirtschaftlicher Versorgung ist nur im Zusammenhang mit der Behandlungspflege möglich. Voraussetzung hierfür ist die entsprechende Satzung der Krankenkasse und dass der Patient keine Leistungen der Pflegekasse bezieht. Dies gilt *nicht* für die Behandlungspflege (Spritzen etc.).

Die Einstufung in die Pflegestufe

Um die Ihnen bzw. Ihren Eltern zustehenden Leistungen der Pflegeversicherung tatsächlich auch zu erhalten, ist es wichtig, dass Sie das Verfahren der Einstufung kennen.

So wird das Gutachten erstellt

Die Feststellung, ob jemand im Sinne der Pflegeversicherung pflegebedürftig ist, wird durch ein Gutachten ermittelt. Dieses Gutachten erfolgt durch einen Arzt bzw. eine Ärztin oder eine Pflegekraft des Medizinischen Dienstes der Krankenversicherung (MDK). Bei dem Gutachten handelt es nicht um eine gesundheitliche Untersuchung, sondern es soll der objektive Hilfebedarf des Pflegebedürftigen im Sinne des Pflegeversicherungsgesetzes festgestellt werden. Dabei kommt es teilweise auch auf die Orientierungsfähigkeit des Pflegebedürftigen (z. B. Wochentag, Uhrzeit usw.) an. Der MDK soll den objektiven Hilfebedarf im Sinne des SGB XI (Pflegeversicherungsgesetz) feststellen. Hierfür hat das Gesetz 21 Verrichtungen vorgegeben, die ausschließlich zu beurteilen sind.

Zeitkorridore einschätzen, Pflegetagebuch führen

Damit der Gutachter sich ein zutreffendes Bild machen kann, sollten Sie *vor* der Begutachtung mindestens vier Wochen lang ein Pflegetagebuch führen. Ansonsten erfolgt die Einstufung anhand sogenannter Zeitkorridore, d. h. der anerkannte Pflegeaufwand entspricht oft nicht dem tatsächlichen. Pflegetagebücher erhalten Sie bei der Pflegekasse oder im Internet unter www.baczko.de. Die Zeitkorridore enthalten jedoch keine verbindlichen Vorgaben. Sie haben nur Leitfunktion und entbinden den Gutachter nicht davon, in jedem Einzelfall den Zeitaufwand für den Hilfebedarf bei der Grundpflege des Versicherten festzustellen.

> Unzulässig wäre beispielsweise eine schematische und von den Besonderheiten des Einzelfalls losgelöste Festsetzung stets des unteren oder des oberen oder eines arithmetisch gemittelten Zeitwerts.

Die Werte, die Sie tatsächlich für die Pflege Ihres Vaters oder Ihrer Mutter aufwenden müssen, sollten Sie anhand eines Pflegetagebuchs dokumentieren. Legen Sie es dem Gutachter vor. In das Pflegetagebuch tragen Sie für jede Verrichtung, bei der Hilfe benötigt wird, sowohl den jeweiligen Zeitaufwand als auch die Art der Hilfe ein. Am besten legen Sie das Pflegetagebuch in Form einer Tabelle mit folgenden Spalten an:

- Hilfe bei ...
- Zeitaufwand in Minuten
- gesamt pro Tag
    - morgens
    - mittags
    - abends/nachts
- Arten der Hilfe
    - Anleitung oder Beaufsichtigung
    - mit Unterstützung
    - teilweise oder volle Übernahme erforderlich

Die Arten der Verrichtung (in der Spalte „Hilfe bei ...") listen Sie jeweils unter folgenden Kategorien auf:

- Körperpflege,
- Mobilität,
- Ernährung und
- hauswirtschaftliche Versorgung

Ihre Rolle bei der Begutachtung

Sie haben das Recht, während der Begutachtung Ihres Vaters bzw. Ihrer Mutter anwesend zu sein. Bestehen Sie darauf, dass Angaben korrigiert werden, die nur auf Hinweisen des bzw. der Pflegebedürftigen selbst basieren. Vielfach glaubt der betroffene Pflegedürftige rein subjektiv, Verrichtungen noch selbstständig ausführen zu können, obwohl dies objektiv nicht mehr der Fall ist. Außerdem führt die „Prüfungssituation" der Begutachtung dazu, dass sich der Geprüfte möglichst gut „verkaufen" will. Er ist dann besonders anfällig für Suggestivfragen wie z. B.: „Sie können doch sicherlich noch ...?".

Die Festlegung der Pflegestufen

Die Einstufung in die Pflegestufe erfolgt nach dem für die Grundpflege und die hauswirtschaftliche Versorgung notwendigen Zeitaufwand wöchentlich im Tagesdurchschnitt.

Pflege-stufe	täglich benötigter Zeitaufwand gesamt	davon für Grundpflege
I	mind. 90 Minuten	mehr als 45 Minuten
II	mind. drei Stunden	mind. zwei Stunden
III	mind. fünf Stunden	mind. vier Stunden

Darüber hinaus hat sich der Begriff der Pflegestufe Null eingebürgert. Man versteht hierunter Leistungen, die erbracht werden, wenn der Zeitaufwand für die Pflegestufe I noch nicht erreicht wird, gleichwohl aber entsprechender Bedarf besteht. Dies trifft auf Menschen mit sogenannter eingeschränkter Alltagskompetenz, aber auch für Bedürftige zu.

So überprüfen Sie den Bescheid

Der Bescheid über die Einstufung ist dem Antragsteller bzw. dessen Vertreter bzw. Bevollmächtigten schriftlich mitzuteilen. Ist der Betroffene (bzw. sind dessen Angehörigen) mit dem Bescheid nicht einverstanden, sollte dagegen Widerspruch eingelegt werden. Dieser Widerspruch ist an die Pflegekasse zu richten. Lassen Sie sich das vom MDK erstellte Pflegegutachten geben und begründen Sie Ihren Widerspruch anhand des von Ihnen geführten Pflegetagebuchs und ggf. einer Stellungnahme des behandelnden Arztes.

Vergleichen Sie die Zeiten, die im Pflegegutachten festgestellt worden sind, mit denjenigen Zeiten in dem von Ihnen geführten Pflegetagebuch und stellen Sie die abweichenden Zeiten einander gegenüber. Soweit Besonderheiten zu berücksichtigen sind – z. B. ein hoher Zeitbedarf beim Anziehen von Kompressionsstrümpfen –, so führen Sie auf, warum dies länger dauert, als der MDK zugesteht.

Wird der Widerspruch abgelehnt und erhalten Sie einen negativen Widerspruchsbescheid, so können Sie hiergegen (derzeit noch kostenlos) innerhalb eines Monats nach Zustellung des Bescheids Klage zum Sozialgericht erheben. Bei welchem Gericht Sie die Klage einreichen können, ist im Widerspruchsbescheid angegeben. Das Sozialgericht beauftragt dann einen eigenen Gutachter. Auch für dieses Gutachten ist es sinnvoll, dass Sie ein Pflegetagebuch vorlegen können. Im Gerichtsverfahren können die Angehörigen bzw. Pflegekräfte als Zeugen gehört werden.

Welche Kosten übernimmt die Sozialhilfe?

Vorbemerkung

Oft reicht das eigene Einkommen und Vermögen sowie die Leistung der gesetzlichen Pfelgeverischerung nicht zur Deckung der Kosten der/s im Heim lebenden Eltern(teils) aus. In vielen Fällen muss deshalb zusätzlich Sozialhilfe in Anspruch genommen werden. Um Sozialhilfebedürftigkeit zu vermeiden, insbesondere aber eine wirtschaftlich oft nicht zu tragende Belastung bei der Übergabe von Vermögen und/oder Grundbesitz zu vermeiden, empfiehlt es sich insbesondere bei Übergabeverträgen, eine Pflegeversicherung abzuschließen, die ein eventuelles Kostenrisiko abdeckt. Es besteht sonst die Gefahr, dass ein den Eltern gegenüber unterhaltspflichtiges Kind, insbesondere dann, wenn eine selbst genutzte, geschützte Immobilie vorhanden ist, bis auf einen kleinen Betrag sein sonstiges Vermögen für die Pflege der Eltern einsetzen muss. Ein vergleichbares Problem ergibt sich bei Schenkungen des Pflegebedürftigen.

Benötigt jemand aufgrund von Alter oder Krankheit besondere Pflege oder entstehen ihm sonst besondere Aufwendungen für Pflege und notwendige Betreuung und reicht das eigene

Einkommen oder Vermögen sowie die Leistungen der Pflegeversicherung nicht aus, um diese Kosten zu decken, so hat er grundsätzlich Anspruch auf Leistungen der Sozialhilfe. Entsprechendes gilt, wenn jemand aufgrund mangelnden Einkommens oder Vermögens seinen eigenen Lebensunterhalt nicht sichern kann.

Während bei den normalen Leistungen zur Sicherung des Lebensunterhalts im Rahmen der Grundsicherung im Alter oder für dauernd voll Erwerbsgeminderte in der Regel die Sozialhilfe keinen Ersatz von Angehörigen fordern kann, stellt sich die Situation anders dar, wenn zusätzlich zur Grundsicherung Leistungen im Zusammenhang mit Pflege- und Heimkosten erbracht werden.

Wohnt Ihr pflegebedürftiger Elternteil noch zu Hause, so entstehen in der Regel aufgrund der Pflegebedürftigkeit keine größeren zusätzlichen Kosten, die nicht durch die Pflege- oder Krankenversicherung gedeckt sind. Nur in Ausnahmefällen kommt es zu größeren zusätzlichen Kosten, die bei Bedürftigkeit durch die Sozialhilfe übernommen werden können, z. B. die Hilfe zur Pflege im Rahmen der Sozialhilfe.

Wenn der Elternteil zu Hause gepflegt wird

Die Leistungen der gesetzlichen Pflegeversicherung decken nicht immer alle notwendigen Leistungen des Pflegebedürftigen ab. Ist ein zusätzlicher Pflegebedarf vorhanden, der nicht durch die Pflegeversicherung und eigenes Einkommen und Vermögen des Pflegebedürftigen oder seines (Ehe-) Partners abgedeckt ist, besteht ergänzend Anspruch auf Hilfe zur Pflege nach dem SGB XII (Sozialhilfegesetz).

> Wenn jemand Anspruch auf Pflege hat, bedeutet dies nicht notwendig, dass er nicht erwerbsfähig ist. Somit kann auch ein Alg-II-Empfänger oder Arbeitnehmer durchaus Anspruch auf Hilfe zur Pflege haben.

Zusätzlich zu Leistungen aus der Pflegversicherung haben Bedürftige Anspruch auf Hilfe zur Pflege nach dem SGB XII (Sozialhilfegesetz) oder, wenn diese noch nicht greift, diejenigen, die wegen einer körperlichen, geistigen oder seelischen Krankheit oder einer Behinderung für die gewöhnlichen und regelmäßig wiederkehrenden Verrichtungen im Ablauf des täglichen Lebens auf Dauer, voraussichtlich für mindestens sechs Monate, in einem erheblich höheren Maß der Hilfe bedürfen. Hilfe zur Pflege im Rahmen der Sozialhilfe ist auch bedürftigen kranken und behinderten Menschen zu leisten, die voraussichtlich für weniger als sechs Monate der Pflege bedürfen. Letzteres ist von besonderer Bedeutung, da Leistungen der Pflegeversicherung *trotz* vorhandener Pflegebedürftigkeit nur erbracht werden, wenn die Pflegebedürftigkeit für voraussichtlich mehr als sechs Monate gegeben ist. Eventuell bestehen auch Leistungsansprüche gegenüber der Krankenkasse (Haushaltshilfe etc., siehe S. 31).

Der Bedarf, der durch Sozialhilfe zu decken ist, besteht in der Unterstützung, in der teilweisen oder vollständigen Übernahme der Verrichtungen im Ablauf des täglichen Lebens oder im Beaufsichtigen unter Anleitung mit dem Ziel der eigenständigen Übernahme dieser Verrichtungen. Praktische Anwendung findet die Hilfe zur Pflege dort, wo die Leistungen der gesetzlichen Pflegeversicherung nicht ausreichen. Dies ist z. B. der Fall, wenn zusätzliche Hilfestellung im Haushalt bzw. zur Weiterführung des Haushalts notwendig ist, die durch die Geld- oder Sachleistung der Pflegeversicherung nicht gedeckt ist, da diese Leistungen betragsmäßig begrenzt sind. Der Verbleib in der eigenen Wohnung kann menschwürdiger und auch für die Sozialhilfe billiger sein als der Aufenthalt in einem Heim.

Menschen, die nicht in einer Pflegestufe nach dem Pflegeversicherungsgesetz eingestuft sind, können gleichwohl Hilfe zur Pflege im Rahmen der Sozialhilfe erhalten, wenn ihr Bedarf unter den Feststellungen der Pflegekasse liegt, aber höher als bei einem gesunden Menschen ist.

Wenn der Pflegebedürftige in einem Heim wohnt

Prekärer ist die Situation, wenn sich jemand in einem Alters- oder Pflegeheim befindet und Pflegebedürftigkeit besteht. Die Kosten für ein Pflegeheim betragen je nach Heim und Pflegestufe in der Regel zwischen 3.000 und 5.000 Euro im Monat. Die Pflegeversicherung zahlt in vollstationären Einrichtungen je nach Pflegestufe derzeit zwischen 1.023 und 1.825 Euro im Monat (Stand Februar 2011). Die das monatliche Gesamteinkommen übersteigenden Kosten sind der sogenannte „ungedeckter Bedarf". Dieser beläuft sich nach Schätzungen auf 500 bis 1.000 Euro monatlich. Genaue Statistiken sind nicht vorhanden.

Beispiel: Monatlicher ungedeckter Bedarf

Heimkosten		3.800 €
Pflegeversicherung (Höchstsatz)	1.825 €	
Rente	1.025 €	
Gesamteinkommen	2.850 €	– 2.850 €
Ungedeckter Bedarf		950 €

Kann der Pflegebedürftige wie in obigem Beispiel den Fehlbetrag von monatlich 950 Euro aus eigenem Einkommen oder Vermögen nicht decken, so hat er grundsätzlich Anspruch auf Übernahme dieser ungedeckten Kosten gegenüber dem Staat in Form der Sozialhilfe. Es versteht sich von selbst, dass nur die angemessenen Kosten übernommen bzw. berücksichtigt werden. Es werden also nur die Kosten für ein angemessenes Heim übernommen, das derzeit über freie Plätze verfügt.

Außerdem tritt die Sozialhilfe nur ein, soweit nicht von anderer Stelle ausreichende Leistungen gewährt werden oder Anspruch darauf besteht. Solche Ansprüche können z. B. Ansprüche auf Krankengeld, Rente etc. sein. Jedoch kann in letzterem Fall Sozialhilfe zunächst als Darlehen gewährt werden, bis die entsprechenden Leistungen gezahlt werden. In diesem Fall hat derjenige, der Sozialhilfe erhält, keinen Anspruch mehr auf entsprechende Nachzahlungen zum Beispiel der Rentenversicherung. Die Sozialhilfebehörden können die Erstattung der gewährten Sozialhilfeleistungen direkt vom Rentenversicherungsträger verlangen.

Bei Pflegebedürftigen, die Grundsicherung bei (dauernder voller) Erwerbsminderung oder im Alter erhalten, ist dieser Betrag als Einkommen anzusetzen:

Beispiel:

Heimkosten (monatlich)		3.900 €
Pflegeversicherung (Höchstsatz)	1.825 €	
Rente	300 €	
Grundsicherung	325 €	
„Gesamteinkommen"	2.450 €	– 2.450 €
Ungedeckter Bedarf		1.450 €

Was zählt zum eigenen Einkommen?

Zum eigenen Einkommen des (Pflege-)Heimbewohners zählen nicht nur laufende Geldleistungen, die dieser erhält, etwa Rente oder sonstiges Einkommen. Zum Einkommen zählen auch

- **Ansprüche auf Nutzungsentgelt/Nießbrauch:** Wird ein Grundstück übergeben, so kann der vorherige Eigentümer sich den sogenannten Nießbrauch am gesamten Grundstück oder einem Teil davon einräumen lassen. Das bedeutet, dass er Anspruch auf die Nutzungen hat, etwa Ansprüche auf Miete oder Pacht;
- **Abgeltung für Wohnrecht:** Häufig wird bei der Übergabe von Grundstücken auch ein sogenanntes Wohnrecht eingeräumt. Im Unterschied zum Nießbrauch hat derjenige, dem das Wohnrecht eingeräumt wurde, nur Anspruch darauf, in den entsprechenden Räumen zu wohnen, und eventuell auch Anspruch auf Versorgung mit Heizung, Strom etc.

Nach einem Urteil des BGH vom 29. Januar 2010 (Az: V ZR 132/09) ist aber im Regelfall dann, wenn Angehörige mit im Anwesen wohnen, eventuell eine solche Abgeltung nicht zu zahlen. Soweit landesrechtliche Bestimmungen jedoch die Abgeltung eines sog. Leibgedinges vorsehen, ist dies noch umstritten und vom BGH noch nicht entschieden.

- **Abgeltung für Pflegeverpflichtung:** Dies betrifft insbesondere die Übergabe von Landwirtschaften, bei der sich der Übernehmende häufig verpflichtet, die Pflege des Übergebenden zu übernehmen. Kann er dies nun nicht mehr, weil der Übergebende in ein Heim geht, so setzen die Sozialhilfeträger in der Regel als Entschädigung die Hälfte des Betrags an, den die Pflegeversicherung in der Pflegestufe I für die Kosten einer selbst beschafften Pflegekraft erstattet. Nach einem neueren Urteil des BGH darf dies aber nicht mehr verlangt werden (siehe S. 53).
- **Abgeltung für freie Kost und Logis:** Freie Kost und Logis ist quasi eine Erweiterung des Wohnrechts, bei welcher der Übernehmer auch für die Kosten der Ernährung aufkommen muss.

Inwieweit muss das Vermögen des Pflegebedürftigen eingesetzt werden?

Der Pflegebedürftige/Heimbewohner muss bis auf einen kleinen Freibetrag auch sein Vermögen einsetzen. Vermögen ist alles, was verwertet werden kann, insbesondere

- Sparguthaben,
- Wertpapiere,
- Lebens- und Sterbeversicherung,
- (Mit-)Eigentum an Grundstück(en) etc. sowie
- Ansprüche auf Widerruf von Schenkungen wegen Verarmung des Schenkers.

Nicht eingesetzt werden muss das sogenannte Schonvermögen. Dazu zählt nach § 90 SGB XII (Sozialhilfegesetz) und der zugehörigen Durchführungsverordnung:

- Vermögen, das aus öffentlichen Mitteln zum Aufbau oder zur Sicherung einer Lebensgrundlage oder zur Gründung eines Hausstands erbracht wird (z. B. Aufbaudarlehen aus dem Lastenausgleichsgesetz, Darlehen und Beihilfen für Vertriebene und ehemalige Häftlinge etc.).
- Vermögen, das nachweislich zur baldigen Beschaffung oder Erhaltung eines angemessenen Hausgrundstücks bestimmt ist, das vom behinderten oder pflegebedürftigen Sozialhilfeempfänger bewohnt werden soll.
- Kapital, das der zusätzlichen Altersvorsorge im Sinne des § 10a oder des Abschnitts XI des Einkommensteuergesetzes dient, einschließlich seiner Erträge.
- Angemessener Hausrat, wobei die bisherigen Lebensverhältnisse zu berücksichtigen sind.
- Gegenstände, die zur Aufnahme oder Fortsetzung der Berufsausbildung oder der Erwerbstätigkeit unentbehrlich sind.
- Familien- und Erbstücke, deren Veräußerung eine besondere Härte bedeuten würde.
- Gegenstände, die zur Befriedigung geistiger, insbesondere wissenschaftlicher oder künstlerischer Bedürfnisse dienen und deren Besitz nicht Luxus ist.
- Angemessenes Hausgrundstück, das vom Sozialhilfeempfänger bzw. von der Sozialhilfeempfängerin ganz oder

teilweise bewohnt wird und nach deren Tod von ihren Angehörigen bewohnt werden soll.
- Kleinere Bar- oder sonstige Geldwerte (bei Personen, die das 60. Lebensjahr vollendet haben, sowie bei voll Erwerbsgeminderten sind das beispielsweise 2.600 Euro).
- Vermögen, dessen Verwertung eine besondere Härte bedeuten würde (z. B., wenn eine angemessene Lebensführung oder die Aufrechterhaltung einer angemessenen Alterssicherung wesentlich erschwert würde).

Das Sozialamt muss in Vorleistung gehen

Damit Unterhalt und Pflege in einer Notlage gesichert sind, muss in bestimmten Fällen die Sozialhilfe in Vorleistung treten. Das heißt, der Sozialhilfeträger zahlt zunächst z. B. die ungedeckten Heimkosten, muss dann jedoch versuchen, sich dieses Geld wieder – soweit möglich – von anderen Stellen oder Personen zu holen (Nachrangprinzip). Ist weder genügend tatsächlich verfügbares Einkommen noch realisierbares Vermögen – also Vermögen, das direkt von der Bank etc. abgerufen werden kann – vorhanden, so darf die Sozialhilfe nicht mit der Begründung verweigert werden, es bestünden Ansprüche gegen Dritte (andere), z. B. auf Abgeltung für freie Kost und Wohnen oder auf Schenkungswiderruf. Auch darf Sozialhilfe nicht mit der Begründung verweigert werden, es bestünden Unterhaltsansprüche gegenüber Ehegatten oder Kindern. Insofern sei auf die Ausführungen auf Seite 6 ff. verwiesen.

Was kann das Sozialamt geltend machen?

Im Gegensatz zu sonstigen Sozialleistungen ist es bei der Gewährung von Sozialhilfe nicht zwingend notwendig, dass der Sozialhilfebedürftige einen Antrag auf Sozialhilfe stellt. Vielmehr muss Sozialhilfe dann gezahlt werden, wenn der Sozialhilfebehörde oder einer von ihr beauftragten Stelle bekannt wird, dass Sozialhilfebedürftigkeit vorliegt. Somit können Freunde, Verwandte und sonstige Personen für den Bedürftigen einen „Antrag" auf Sozialhilfeleistungen stellen. Teilweise wird ein solcher Antrag auch von Alten- oder Pflegeheimen gestellt, wenn bekannt ist oder wird, dass der Heimbewohner für die Kosten der Heimunterbringung nicht aufkommen kann.

So überprüft die Behörde den Pflegebedürftigen

Erhält jemand Leistungen der Sozialhilfe, so muss er genau angeben, über welches Einkommen und Vermögen er verfügt. Reichen die Leistungen der Pflegeversicherung nicht aus und wird Sozialhilfe gewährt, so muss der Sozialhilfeträger versuchen, soweit es möglich ist, von anderen Personen oder Stellen Ersatz für die Sozialhilfe zu fordern.

Die Behörde kann Zahlungen aufgrund des Bestehens von Forderungen ja nur dann verlangen, wenn sie weiß, dass eventuelle Forderungen bestehen.

Sie ist daher verpflichtet nachzuforschen, ob und gegen wen eventuell Forderungen des Sozialhilfeempfängers (pflegebedürftigen Elternteils) bestehen. Um dies zu erfahren, fordert sie von diesem zunächst Auskunft über sein Einkommen und Vermögen und die Existenz von Kindern. Bei dem Auskunftsersuchen verlangt die Behörde auch Auskunft über Vermögensübertragungen bzw. Schenkungen innerhalb der letzten zehn Jahre. Hierbei lässt sie sich häufig auch Sparbücher und Kontoauszüge der letzten zehn Jahre vorlegen. Weiterhin verlangt die Behörde vom Sozialhilfeempfänger (pflegebedürftigen Elternteil) darüber Auskunft, ob und welche Forderungen ggf. noch bestehen, z. B. Ansprüche auf Wohnungsrechte, Nutzungsentschädigung etc.

Besonders kritisch wird es, wenn eine gerichtliche Betreuung für den Sozialhilfeempfänger (pflegebedürftigen Elternteil) angeordnet wird. Der Betreuer ist verpflichtet, alle notwendigen Auskünfte zu erteilen. Da dem Betreuer insbesondere auch von den Banken etc. Auskunft erteilt werden muss, kommen in der Regel entsprechende Geldleistungen (Schenkungen), vertragliche Verpflichtungen etc. ans Tageslicht. Die gerichtlich bestellten Betreuer nehmen die Rechte des betreuten Elternteils oft ohne Rücksicht auf die Belange der Kinder und den Willen des Elternteils wahr, teilweise auch im Bestreben, möglichst wenig Sozialhilfeleistungen zu beantragen. So ist es schon vorgekommen, dass Betreuer bewusst keinen Antrag auf Sozialhilfe gestellt haben und nicht nur Kinder, sondern auch Enkel direkt auf Unterhalt verklagt haben. Letzteres (Enkelunterhalt) ist bei Vorleistung der Sozialhilfe nicht möglich.

Rechtzeitig die Weichen stellen: Vorsorge- und Betreuungsvollmacht

Damit sich kein „Fremder" in die familiären Angelegenheiten einmischt – z. B. auch gegen den Willen der Betroffenen ein Heim wählt, in das der Betroffene gar nicht will oder das im Vergleich zu anderen Heimen teurer ist –, sollte man rechtzeitig, solange man dazu noch geistig in der Lage ist, eine sogenannte Betreuungs- und Vorsorgevollmacht errichten. Darin kann dann unter anderem bestimmt werden, wer ggf. als Betreuer bestellt werden soll. Die Gerichte sind an solche Wünsche gebunden und können nur bei Vorliegen besonderer Gründe davon abweichen.

Es empfiehlt sich, der Person, der man eine solche Vollmacht erteilen will, bereits zum Zeitpunkt der Errichtung eine entsprechende notarielle Vollmacht zu erteilen, wobei jedoch sichergestellt werden sollte, dass von dieser Vollmacht erst dann Gebrauch gemacht wird, wenn es tatsächlich notwendig ist.

An dieser Stelle sei ausdrücklich darauf hingewiesen, dass die vielfach kursierenden Vordrucke allenfalls eine Information darstellen. Bei Errichtung einer solchen Betreuungs- und Vorsorgevollmacht sollte man sich von einem Rechtsanwalt oder Notar beraten lassen. Weiterhin ist es ratsam, eine entsprechende Vollmacht notariell beglaubigen bzw. durch einen Notar errichten zu lassen. In der Praxis werden notarielle Betreuungs- und Vorsorgevollmachten, die notariell beglaubigt sind, eher anerkannt als privatschriftliche. Detaillierte Ausführungen hierzu finden Sie in „Die Vorsorge-Mappe.

Testamente, Vollmachten, Verfügungen" von Michael Baczko und Constanze Trilsch (Begleitbuch zur MDR-Serie „Escher", s. S. 127).

Unterhaltsansprüche und sonstige Forderungen

Aufgrund des bereits erwähnten Nachranggrundsatzes kann sich die Sozialhilfebehörde nunmehr an jeden halten, der dem Sozialhilfeempfänger (pflegebedürftiger Elternteil) etwas zahlen muss. Alle Forderungen des Sozialhilfeempfängers gehen auf die Sozialhilfebehörde über. Je nach Art der Geltendmachung gibt es jedoch zwei grundsätzliche Unterscheidungen:

- Übergang von Unterhaltsansprüchen
- Übergang von sonstigen Forderungen

Unterhalt kann die Behörde nur von Verwandten ersten Grades fordern, während sich sonstige Forderungen – z. B. Gegenleistungen (Ansprüche) aufgrund der Übertragung von Grundstücken, Nutzungsentgelt, Widerruf einer in den letzten zehn Jahren erfolgten Schenkung etc. – gegen jeden, der etwas erhalten hat, richten. Im ungünstigsten Fall können sich solche Ansprüche auch gegen Kinder richten (z. B. bei Hofübergabe), sodass diese eventuell sowohl eine Abgeltung für Wohnrecht zahlen müssen als auch – reicht dieser Betrag nicht aus – zusätzlich Unterhalt.

Zuerst müssen sonstige Forderungen geltend gemacht werden

Bevor die Behörde von Ihnen als unterhaltspflichtigem Angehörigen Ersatz der Sozialhilfekosten fordern kann, müssen zunächst alle anderen möglichen Forderungen – auch gegen Sie als Kind – geltend gemacht werden. Erst wenn dieses Geld nicht ausreicht, kann Unterhalt gefordert werden.

Fordert die Sozialhilfebehörde einen bestimmten Unterhaltsbetrag von Ihnen als unterhaltspflichtiges Kind, so muss Ihnen Auskunft darüber gegeben werden, ob und welches Einkommen/Vermögen des Elternteils vorhanden ist und wie hoch die Ausgaben sind. Fällt Ihnen auf, dass hier Ihnen bekannte Vermögens-/Einkommensquellen fehlen, z. B. Rückforderung von Schenkungen, Abgeltung von Wohnrecht, Nichtberücksichtigung bzw. zu geringe Berücksichtigung von Einkommen/Vermögen anderer Kinder (ihrer Geschwister), so weisen sie die Sozialhilfebehörde darauf hin und fordern, dass zunächst diese Forderungen umfassend und richtig realisiert werden.

> Achten Sie darauf, dass zunächst all diese Möglichkeiten ausgeschöpft werden. Erst dann können Sie in die Pflicht genommen werden.

Während Unterhaltsansprüche gesetzlich automatisch auf die Sozialhilfebehörde übergehen, müssen andere Ansprüche zunächst durch einen sogenannten Überleitungsbescheid durch die Sozialhilfebehörde geltend gemacht werden. Im Wesentlichen sind dies folgende Ansprüche gegen andere:

- Abgeltung von Wohnrecht
- Abgeltung von Pflegeverpflichtungen
- Nutzungsrechte
- Abgeltung von freier Kost und Logis
- Abgeltung der Übernahme von Wart und Pflege
- Rückforderung von Schenkungen innerhalb der letzten zehn Jahre wegen Verarmung des Schenkers (Pflegebedürftigen) (s. S. 105)
- Ansprüche aus Übergabeverträgen
- Kostenersatz der Erben
- Sonstiger Kostenersatz

Ansprüche aus Übergabeverträgen

Bei Übergabe von Immobilien, insbesondere im Bereich der Landwirtschaft, sehen insbesondere ältere Verträge als Bezahlung – juristisch ausgedrückt: „als Gegenleistung" – für die Übergabe bzw. für die Eigentumsverschaffung (Umschreibung der Immobilie im Grundbuch) eine Reihe von Gegenleistungen bzw. Verpflichtungen vor, die der Übernehmer anstelle des Kaufpreises „entrichtet". Diese reichen von der Gewährung von freier Kost und Logis bis zur Einräumung von Wohnungs- und Nutzungsrechten und Übernahme der Pflegekosten.

Ist ein sogenanntes Leibgeding (hierbei kann es sich um ein reines Wohnrecht, aber auch darüber hinaus um freie Kost und Logis oder auch noch um eine Pflegeverpflichtung handeln) vereinbart, stellt sich die Frage, was aus dieser vertraglichen Gegenleistung wird. Aus der Sicht des Übergebers handelt es sich um ein Recht, aus der Sicht des Übernehmers um eine Pflicht.

Soweit dies nicht ausdrücklich in einem notariellen Übergabevertrag geregelt ist, ergibt sich aus den landesrechtlichen Ausführungsgesetzen zum Bürgerlichen Gesetzbuch, dass eine angemessene Entschädigung für die Abgeltung dieser Rechte zu zahlen ist. Derjenige, der verpflichtet ist, die vereinbarte Leistung zu erbringen, kann wegen des Aufenthalts der Mutter oder des Vaters im Pflegeheim die entsprechenden Leistungen nicht mehr in Natur erbringen bzw. das Recht kann nicht in Anspruch genommen werden. Befindet sich z. B. die pflegebedürftige Mutter im Pflegeheim, kann sie ihr eingeräumtes Wohnrecht nicht mehr wahrnehmen. Dieser Anspruch wird nun in einen zu zahlenden Geldbetrag umgewandelt.

Um dies zu umgehen, wurde in einer Reihe von notariellen Verträgen eine Klausel eingefügt, wonach die Übernahme solcher Verpflichtungen ruht und keine Entschädigung in Geld zu zahlen ist, wenn der Übergeber das Grundstück verlässt bzw. in einem Alten- oder Pflegeheim untergebracht ist.

In einem Fall, in dem dies zwar ausdrücklich nicht so geregelt war, hat der BGH in seinem Urteil vom 21. September 2001 (Az: V ZR 14/01) ausgeführt:

> „Kann der Übernehmer die in einem Übergabevertrag vereinbarte Verpflichtung zur umfassenden Pflege des Übergebers wegen dessen medizinisch notwendiger Unterbringung in einem Pflegeheim nicht mehr erfüllen, muss er ohne entsprechende Abrede die Kosten der Heimunterbringung nicht tragen; wohl aber muss er sich an ihnen in Höhe seiner ersparten Aufwendungen beteiligen."

In einem weiteren Fall hat der BGH im Urteil vom 29. Januar 2010 (Az: V ZR 132/09) dies näher konkretisiert:

> Kann ein Familienangehöriger, der als Gegenleistung für die Übertragung eines Grundstücks die Pflege des Übergebers übernommen hat, seine Leistung wegen Umzugs des Übergebers in ein Pflegeheim nicht mehr erbringen, wird sich dem im Rahmen einer ergänzenden Vertragsauslegung zu ermittelnden hypothetischen Parteiwillen im Zweifel nicht entnehmen lassen, dass an die Stelle des ersparten Zeitaufwands ein Zahlungsanspruch des Übergebers treten soll.

In Ergänzung zum Urteil vom 21. September 2010 führt der BGH aus:

> Der Umfang der ersparten Aufwendungen richtet sich nach dem Inhalt der ursprünglichen Verpflichtung zu Wart und Pflege. An die Stelle nicht mehr zu erbringender Sachleistungen treten Zahlungsverpflichtungen, die den Wert der ersparten Aufwendungen für diese Leistungen abschöpfen. Hinsichtlich vereinbarter Pflege- und sonstiger Dienstleistungen (z. B. Reinigung von Wohnung und Bekleidung, Zubereitung von Mahlzeiten) ist zu differenzieren:

> Sind die Vertragsparteien bei Abschluss des Übergabevertrages übereinstimmend davon ausgegangen, dass der Übernehmer hierfür eine Hilfskraft engagiert und bezahlt, zählt das Entgelt für die Hilfskraft zu den infolge des Heimaufenthalts ersparten Aufwendungen. Dagegen tritt an die Stelle von Pflege- und Dienstleistungen, die nach der Vorstellung der Vertragsparteien von dem Übernehmer oder dessen Familienangehörigen persönlich erbracht werden sollten, kein Zahlungsanspruch des Übergebers.

Ausgehend von obigen Entscheidungen vertreten nunmehr eine Reihe von Sozialhilfebehörden die Auffassung, dass auch in den Fällen, in denen ausdrücklich das Ruhen einer entsprechenden Leistung (Pflege etc.) angeordnet worden ist, diese Klausel unwirksam sei, da es die Allgemeinheit bzw. den Sozialhilfeträger belastet. Obwohl der Bundesgerichtshof (BGH) in mehreren Entscheidungen klargestellt hat, dass solche „Ruhenlassenklauseln" zulässig sind, erkennen die Sozialhilfebehörden solche Ruhenlassungsverpflichtungen derzeit nicht an. Im Streitfall bleibt Ihnen die gerichtliche Auseinandersetzung nicht erspart. Die derzeitige Rechtspraxis zeigt, dass es immer auf die Einzelfallgestaltung ankommt und oft vor dem Gericht ein besseres Ergebnis erreicht werden kann als die Auffassung, die die Sozialhilfebehörde vertritt. In seinem Beschluss vom 23. Januar 2003 (Az: V ZB 48/02) hat der BGH ausgeführt:

> „Eine vertragliche Vereinbarung, die den Altenteilsverpflichteten frei werden lässt, wenn der Berechtigte auf Dauer in einem Pflegeheim untergebracht wird, ist nicht als Vertrag zu Lasten Dritter (insbesondere des Sozialhilfeträgers) unwirksam."

In seinem Urteil vom 6. Februar 2009 (Az: V ZR 130/08) hat der BGH ausgeführt:

> Dass in einem Vertrag als Gegenleistung für die Übertragung eines Hausgrundstücks vereinbarte Versorgungsleistungen nur so lange geschuldet sein sollen, wie sie von dem Verpflichteten in dem übernommenen Haus erbracht werden können, führt nicht ohne weiteres zur Sittenwidrigkeit der vereinbarten Regelung.

Diese klare Rechtsprechung des BGH wird oft mit den verschiedensten Begründungen, wonach diese Urteile im konkreten Fall nicht zutreffen, von den Sozialhilfeträgern ignoriert. Es werden weiterhin nicht gerechtfertigte Forderungen erhoben. In einem solchen Fall bleibt dem betroffenen Übernehmer ggf. nicht anderes übrig, als die Zahlung zu verweigern und sich vor dem Zivilgericht vom Sozialhilfeträger verklagen zu lassen.

Nachdem aber der BGH in seinem Urteil vom 29. Januar 2010 klar ausgeführt hat, dass sehr wohl – dann, wenn die Pflegeleistungen persönlich erbracht werden sollen – bei Wegzug in ein Heim *keine* finanzielle Abgeltung zu zahlen ist (außer dies ist ausdrücklich vereinbart), steht damit fest, dass eine sogenannte Ruhenlassensklausel wohl zulässig ist und beachtet werden muss.

Abgeltung von Wohn- und sonstigen Rechten

Nach der Rechtsprechung des BGH sind in den Fällen, in denen als Gegenleistung für die Übergabe eines Grundstücks (Landwirtschaft) ein Wohnungsrecht und/oder Wart und Pflege vereinbart wurde, nur die ersparten Aufwendungen zu erstatten. Unzulässig ist es deshalb, wenn als Abgeltung für das Wohnrecht eine ortsübliche Miete angesetzt wird (BGH, Urteil vom 21.9.2001, Az: V ZR 14/01; BGH, Beschluss vom 23.01.2003, Az: V ZB 48/02; 9.01.2009 Az: V ZR 168/07).

Hinsichtlich der Vereinbarung eines Wohnrechtes müssen unter Beachtung der nachfolgenden Ausführungen die Erwägungen, die der BGH in seinem Urteil vom 29. Januar 2010 anstellt, sicherlich ebenfalls gelten.

Der BGH hat in seinem Beschluss vom 23. Januar 2003 (Az: V ZB 48/02) in einem Fall, in dem auch ein Wohnrecht vereinbart wurde, ausgeführt, dass nur die ersparten Aufwendungen zu erstatten seien. In seinem Urteil vom 9. Januar 2009 (Az: V ZR 168/07) hat der BGH dies ausdrücklich bestätigt und in bestimmten Fällen (wenn sog. nahestehende Personen oder Angehörige des Übergebers nunmehr die von ihm bewohnten Räume selbst nutzen) die Verpflichtung zur Zahlung eines Abgeltungsbetrags verneint.

> Dagegen wird eine Verpflichtung der Beklagten, die Wohnung zu vermieten, angesichts des Charakters des Wohnungsrechts als eines im Grundsatz höchstpersönlichen Nutzungsrechts dem hypothetischen Parteiwillen im Zweifel nicht entsprechen ... Enthält der Übergabevertrag, hier also der Grundstücksübertragungsvertrag aus dem Jahr 1979, eine solche Gestattung nicht, spricht dies dafür, dass der Eigentümer im Fall des Unvermögens des Berechtigten, sein Wohnungsrecht auszuüben, auch schuldrechtlich nicht verpflichtet sein sollte, die Nutzung durch Dritte zu dulden.
>
> Ebenso wenig wird im Zweifel anzunehmen sein, dass ein dem Wohnungsberechtigten nahestehender Eigentümer verpflichtet sein soll, ein Nutzungsentgelt an den Wohnungsberechtigten zu zahlen, wenn er die Wohnung für eigene private Zwecke nutzt oder wenn er sie einem nahen Familienangehörigen zur Nutzung überlässt. Die familiäre Verbundenheit wird häufig, wenn auch nicht zwingend, die Annahme rechtfertigen, dass eine Nutzung der Wohnung innerhalb der Familie unentgeltlich erfolgen sollte.

Bei der Bemessung des Wohnrechtes ist deshalb im Einzelfall genau zu prüfen, ob und welche Aufwendungen erspart werden (z. B. Kosten für Heizung, Instandhaltung etc.). Wurden diese Kosten vom Übergeber übernommen, dürfte bezüglich des Wohnrechts nicht von einer häuslichen Ersparnis auszugehen sein, ebenfalls bei Nutzung durch dem Übergeber nahestehenden Personen. Wird entgegen der Rechtsprechung des BGH eine ortübliche Miete oder eine Nutzungsentschädigung verlangt, bleibt Ihnen auch hier nur übrig, die Zahlung zu verweigern und sich verklagen zu lassen.

Wird auf das Wohnrecht durch notariellen Vertrag unentgeltlich verzichtet, so stellt dies keine Schenkung dar (zur Rückforderung von Schenkungen s. u.), folglich darf der Sozialhilfeträger für die Aufgabe des Wohnungsrechtes keinen Wertersatz fordern (OLG Hamm, Urteil vom 9.5.2005, Az: 5 U 198/04).

Nutzungsrechte

Behält sich der Grundstücksübergeber ein vollkommenes oder teilweises Nutzungsrecht an der Immobilie vor, wird das Nutzungsrecht nach dem erzielbaren Wert bemessen, also dem Preis, der am freien Wohnungsmarkt bzw. Immobilienmarkt bei Vermietung der Immobilie erzielt werden kann.

Rückforderung von Schenkungen

Hat der Sozialhilfeempfänger innerhalb der letzten zehn Jahre etwas verschenkt, kann er gem. § 528 Abs. 1 S. 1 BGB vom Beschenkten die Rückgabe des Geschenks verlangen, wenn er (der Schenker) verarmt ist.

Es muss jedoch nicht das gesamte Geschenk zurückgegeben bzw. der gesamte Wert zurückerstattet werden. Der Beschenkte kann von der Abwendungsbefugnis des § 528 Abs. 1 Satz 2 BGB Gebrauch machen, also durch Zahlung des monatlich ungedeckten Bedarfs die Herausgabe des Geschenks „abwenden".

Beispiel

> Beträgt der ungedeckte Bedarf z. B. 1.000 Euro und der Wert der Schenkung 12.000 Euro, so ist monatlich ein Betrag von 1.000 Euro zu zahlen; dies jedoch maximal zwölf Monate, da dann der Wert der Schenkung (12.000 Euro) erschöpft ist.

Der Anspruch auf Schenkungsrückforderung wird durch einen Bescheid auf den Sozialhilfeträger übergeleitet, der nach dieser Überleitung den Anspruch gegen den Beschenkten geltend macht. Theoretisch kann gegen diesen Überleitungsbescheid Widerspruch und dann Klage vor dem Sozialgericht erhoben werden. Die Klage vor dem Sozialgericht ist in der Regel sinnlos, da zur Entscheidung der Frage, ob und in welchem Umfang Rückforderungsansprüche tatsächlich gegeben sind, das Zivilgericht zuständig ist. Aus diesem Grund weisen die Sozialgerichte eine solche Klage ab und verweisen auf die Zuständigkeit der Zivilgerichte. Sind Widerspruch und Klage erfolglos bzw. wurden sie nicht erhoben, darf die Behörde nicht per Gerichtsvollzieher vollstrecken, sondern muss zunächst den Beschenkten vor dem Zivilgericht verklagen, wenn dieser nicht freiwillig zahlt.

Die Rückforderung wegen Verarmung des Schenkers ist ausgeschlossen, wenn seit dem Zeitpunkt der Schenkung zehn Jahre vergangen sind (§ 529 Abs. 1 BGB).

Der Sozialleistungsträger darf auch nach dem Tod des Sozialhilfeempfängers durch einen Überleitungsbescheid die Rückforderungsansprüche auf sich überleiten. Hat der Schenker Sozialhilfe in Anspruch genommen, geht der Anspruch auf Rückforderung der Schenkung wegen Verarmung des Schenkers (§ 528 BGB) jedenfalls insoweit nicht mit dem Tod des Schenkers unter.

Hinsichtlich des Zeitpunkts, ab dem die Schenkung zurückgefordert werden kann, ist nicht auf den Zeitpunkt des Erlasses des Überleitungsbescheids abzustellen, sondern auf den Zeitpunkt, zu dem Bedürftigkeit eintrat (BGH, Urteil vom 20. Mai 2003, Az: X ZR 246/02):

> „Wird einem im Sinne von § 528 Abs. 1 Satz 1 BGB bedürftigen Schenker Sozialhilfe gewährt und der Rückforderungsanspruch gegen den Beschenkten nach § 90 BSHG auf den Träger der Sozialhilfe übergeleitet, ist für die Einstandspflicht des verschenkten Vermögens die Einkommens- und Vermögenslage des Schenkers im Zeitpunkt der zur Bewilligung der Hilfe führenden Beantragung von Sozialhilfe maßgeblich, nicht dagegen die Einkommens- und Vermögenslage des Schenkers im Zeitpunkt der letzten mündlichen Verhandlung über den übergeleiteten Anspruch (Ergänzung zu BGHZ 96, 380, 382)."

Mit anderen Worten: Erfolgte die Schenkung am 1.1.1998 und trat Hilfebedürftigkeit bereits am 1.1.2007 ein, so kann die Schenkung zurückgefordert werden, auch wenn der Sozialhilfebescheid erst am 1.4.2008 erlassen wurde (nach Verstreichen der Zehnjahresfrist). Entscheidend ist, dass 9 Jahre nach der Schenkung bereits Hilfebedürftigkeit bestand.

Ist also z. B. der betroffene Schenker 8 Jahre nach der Schenkung nicht mehr in der Lage, die Heimkosten vollständig zu zahlen, hilft es nichts, wenn der Beschenkte bis zum Ablauf der 10-Jahresfrist die ungedeckten Kosten übernimmt, um Sozialhilfebedürftigkeit zu vermeiden.

Soweit das Schenkungsobjekt teilbar ist, kann der Schenker nur einen seinen Bedürfnissen entsprechenden Teil herausverlangen.

Ist das Schenkungsobjekt nicht teilbar, z. B. bei einem Einfamilienhaus, einer Eigentumswohnung etc., so kann nur Zahlung für den Teil der Schenkung verlangt werden, der wertmäßig zur Deckung des Unterhaltsbedarfs erforderlich ist. Dies ist insbesondere dann der Fall, wenn ein wiederkehrender Unterhaltsbedarf besteht, etwa bei einer Heimunterbringung des Schenkers.

> Es versteht sich von selbst, dass der Anspruch auf die wiederkehrende Leistung nur so lange besteht, bis der Wert des Schenkungsobjekts erschöpft ist.

Bei Geltendmachung der Rückforderung sind vom Wert der Schenkung die Gegenleistungen abzuziehen. Dies spielt eine wesentliche Rolle bei Übertragung von Grundstücken unter Einräumung eines Nutzungsrechts, Wart und Pflege etc. zugunsten des Übergebers. Bei solchen „gemischten Verträgen" muss bestimmt werden, wie hoch die sogenannte entgeltliche Gegenleistung (Einräumung eines Nutzungsrechts, Wart und Pflege etc.) und wie hoch der sogenannte unentgeltliche Teil ist. Letzterer stellt den Wert der Schenkung dar.

Wann ist die Herausgabe des Geschenks ausgeschlossen?

Nach § 529 Abs. 1 BGB ist die Herausgabe des Geschenks ausgeschlossen, wenn der Schenker seine Bedürftigkeit vorsätzlich oder grob fahrlässig herbeigeführt hat bzw. wenn zehn Jahre seit dem Zeitpunkt der Schenkung vergangen sind.

Weiterhin ist die Herausgabe des Geschenke ausgeschlossen, wenn der Beschenkte bei Erfüllung der Verpflichtung (hier Übernahme der laufenden Sozialhilfekosten) außer Stande ist, seinen standesgemäßen Unterhalt und den seiner Familienmitglieder, denen er unterhaltspflichtig ist, zu erfüllen.

Bei der Berechnung des angemessenen Unterhalts im Sinne des § 529 Abs. 2 BGB ist auf die Rechtsprechung des BGH zum Elternunterhalt zurückzugreifen (BGH, Urteil vom 11.7.2000, Az: X ZR 126/98). Zur Berechnung des Elternunterhalts sei auf die Ausführungen ab S. 77 hingewiesen. Würde die Übernahme der ungedeckten Kosten im Rahmen der Abwendungsbefugnis also dazu führen, dass der angemessene Selbstbedarf des Beschenkten nicht mehr gewahrt ist, kann unter Berufung auf § 529 Abs. 2 BGB die Übernahme der ungedeckten Kosten verweigert werden. Dies muss von Beschenkten extra gegenüber der Behörde geltend gemacht und nachgewiesen werden. Die Sozialhilfebehörde prüft von sich aus nicht die Leistungsfähigkeit des Beschenkten, dies gilt auch, wenn ein zum Unterhalt verpflichtetes Kind beschenkt wurde. Die Behörde fordert immer zunächst die Übernahme der ungedeckten Kosten aus dem Betrag der Schenkung.

Wenn der Beschenkte das Kind ist

Ist der Beschenkte das unterhaltspflichtige Kind, so ist dies beim Vermögenseinsatz zu beachten. Zwar kann nach Ablauf von zehn Jahren die Schenkung nicht mehr zurückgefordert werden, jedoch ist das Kind nicht nur verpflichtet, aus seinem Einkommen, sondern auch aus seinem Vermögen Unterhalt zu zahlen. Nicht einzusetzen ist dabei ein selbst genutztes Haus oder eine entsprechende Eigentumswohnung. Außerdem werden weitere Freibeträge gewährt.

Problematisch: Grundstücksschenkungen und landwirtschaftliche Betriebe

Im Wege der vorweggenommenen Erbfolge, aber auch aus sonstigen Gründen werden Grundstücke und landwirtschaftliche Betriebe übertragen und je nach Ausgestaltung des Vertrags mehr oder weniger Gegenleistungen der Übergeber vereinbart. Oft stellt sich eine solche Übergabe als sogenannte gemischte Schenkung dar. Bei einer Grundstücksschenkung bzw. beim entsprechenden Übergabevertrag sind grundsätzlich zwei Fallgestaltungen zu unterscheiden:

- Die Übergabe/Schenkung des Grundstücks erfolgt ohne Gegenleistung.
- Die Übergabe erfolgt nur teilweise als Schenkung, ansonsten werden Gegenleistungen vereinbart.

Entsprechend den oben genannten grundsätzlichen Ausführungen ist zunächst zu unterscheiden, ob der Schenkungswert größer oder kleiner als der bereits entstandene Unterhaltsbedarf ist. In der Regel ist Ersteres der Fall.

Ansprüche des verarmten Schenkers gegen den Beschenkten dürfen ohne Beachtung der Vorschriften über das Schonvermögen übergeleitet werden. Dies gilt auch für Grundstücksschenkungen. Dem Beschenkten kommt die Vorschrift des

§ 90 Abs. 2 Nr. 8 SGB XII bzw. § 13 Abs. 3 Nr. 4 SGB II, wonach eine selbst bewohnte angemessene Immobilie dem Zugriff des Leistungsträgers entzogen ist, nicht zugute. Wurde die nunmehr vom Beschenkten selbst genutzte Immobilie innerhalb der Zehnjahresfrist vom nunmehr Bedürftigen verschenkt, ist diese Immobilie nicht geschützt. Eine Ausnahme ist allenfalls denkbar, wenn die Schenkung innerhalb der Bedarfsgemeinschaft erfolgt (Näheres s. u.).

Wenn die Berechnung der wirtschaftlichen Leistungsfähigkeit jedoch ergibt, dass das unterhaltsrechtlich relevante Einkommen nicht über dem Mindestbehalt liegt, dürfte nach dem Urteil des BGH vom 11. Juli 2000 (Az: X ZR 126/98) die Übernahme der ungedeckten Kosten nicht bzw. nur im Rahmen der Leistungsfähigkeit verlangt werden (s. o.). Bei der Berechnung der Leistungsfähigkeit ist dann natürlich der Wohnwert der selbst bewohnten Immobilie im Rahmen der Einkommensberechnung zu berücksichtigen.

Handelt es sich nicht um ein angemessenes Eigenheim, so ist zu prüfen, ob nicht zumindest durch einen Teilverkauf, durch Vermietung oder dergleichen zumindest ein Teil der Rückforderungsansprüche realisiert werden kann.

Gemäß § 528 Abs. 1 Satz 2 BGB kann der Beschenkte statt der Herausgabe des Geschenks von der so genanten Abwendungsbefugnis durch Zahlung des laufenden Unterhalts Gebrauch machen. Wenn in einem solchen Fall das Schenkungsobjekt nicht teilbar ist, besteht nur ein Wertersatzanspruch, jedoch keine gesetzliche Befugnis, dass statt Wertersatz das Geschenk zurückgegeben werden kann (BGH-Urteil vom 17. Januar 1996, NJW 1996, 987, 988). Grundsätzliche Bedeutung hat dies z. B. bei Nebenerwerbslandwirten bzw. wenn ein Teil der Flächen nicht genutzt und zur Erwerbserzielung nicht notwendig gebraucht wird.

Wohnt ein verheirateter Hilfebedürftige in einem Alten- oder Pflegeheim und wohnt der Ehegatte noch im eigenen Haus, liegt kein Getrenntleben im Sinne des § 19 SGB XII (Sozialhilfegesetz) vor, so dass auch in diesem Fall somit weiterhin von Schonvermögen auszugehen ist, da die Bedarfsgemeinschaft nach wie vor besteht. Gehört ein selbst genutztes geschütztes Haus also ganz oder teilweise dem im Alten- oder Pflegeheim lebenden Sozialhilfeempfänger, so darf zu Lasten des noch im Haus lebenden (Ehe-)Partners nicht der Verkauf oder die Beleihung des Eigentumsanteils des Hilfeempfängers verlangt werden.

Sollte die Zehnjahresgrenze überschritten sein, kann das verschenkte Vermögen im Rahmen der Unterhaltsansprüche nunmehr als einzusetzendes Vermögen betrachtet werden. Insofern darf grundsätzlich auf die Ausführungen zum Übergang von Unterhaltsansprüchen verwiesen werden (S. 77 ff.).

Beispiel

> Der Hof wird vom Vater an den Sohn übergeben, der Sohn ist nur noch als Nebenerwerbslandwirt tätig. 15 Jahre nach der Übergabe wird der Vater pflegebedürftig und die Sozialhilfe macht die ungedeckten Kosten geltend. Nunmehr argumentiert der Sozialhilfeträger, da die Landwirtschaft nur noch im Nebenerwerb betrieben wird, würden zumindest Äcker, Wiesen und Felder Vermögen darstellen, welches zur Erfüllung der Unterhaltspflicht zu verwerten ist.

Zwar ist gem. § 529 Abs. 1 BGB die Rückforderung der Schenkung wegen Überschreitung der Zehnjahresgrenze ausgeschlossen. Es handelt sich aber ggf. um verwertbares bzw. einzusetzendes Vermögen des unterhaltspflichtigen Kindes im Rahmen des § 1603 Abs. 1 BGB. Dieser Gefahr kann allenfalls begegnet werden, wenn dieses Grundstück unmittelbar an Kinder oder Ehegatten des Unterhaltspflichtigen weiterübertragen wird, da diesen die Beschränkung der Unterhaltspflicht auf Verwandte ersten Grades gem. § 94 Abs. 1 S. 3 SGB XII zugute kommt (Näheres hierzu S. 6 ff.). Aber auch bei dieser Weiterübertragung ist die Zehnjahresgrenze zu beachten.

Der Einsatz des Vermögens ergibt sich daraus, dass Verwandte in gerader Linie aus ihrem Einkommen oder Vermögen Unterhalt zahlen müssen. Schwiegerkinder müssen keinen Unterhalt zahlen, sodass auf ihr Vermögen nicht zugegriffen werden darf. Entsprechend verhält es sich bei den Enkeln des Sozialhilfeempfängers.

Kostenersatz der Erben

Grundsätzlich haften die Erben des Sozialhilfeempfängers für die Kosten der Sozialhilfe. Das Gesetz sieht gewisse geringe Freibeträge vor. Besondere Bedeutung hat der Kostenersatz in den Fällen, in denen der verstorbene Leistungsempfänger über geschütztes Vermögen verfügt – insbesondere über geschütztes selbst genutztes Wohnungseigentum. Nach § 102 Abs. 2 SGB XII gehört die Ersatzpflicht der Erben zu den Nachlassverbindlichkeiten. Der Erbe haftet mit dem Wert des im Zeitpunkt des Erbfalls vorhandenen Nachlasses des Sozialhilfeempfängers. Es versteht sich von selbst, dass der Sozialhilfeträger zunächst vom eventuell aufgrund des Erbfalls vorhandenen Vermögen des verstorben Sozialhilfeempfängers Ersatz der Sozialhilfe fordert. Die Ersatzpflicht besteht jedoch nur für die Kosten der Sozialhilfe der letzten zehn Jahren vor dem Todesfall. § 102 Abs. 3 Nr. 3 SGB XII sieht allerdings vor, dass ein Kostenersatz nicht geltend zu machen ist, soweit die Inanspruchnahme des Erben nach der Besonderheit des Einzelfalls eine besondere Härte bedeuten würde.

Gehörte dem verstorbenen Sozialhilfeempfänger ganz oder teilweise ein angemessenes, von seinem (Ehe-) Partner bewohntes Haus und erbt dieser das Haus bzw. einen Teil davon, so dürfte dies weiterhin Schonvermögen bleiben. Rechtsprechung des Bundessozialgerichtes zu dieser Problematik existiert derzeit (Februar 2011) noch nicht. Sollte die Sozialhilfebehörde gleichwohl Kostenersatz fordern, so ist hiergegen Widerspruch und Klage vor dem Sozialgericht anzuraten.

Sonstige Rechte

Auch sonstige Rechte, die hier nicht aufgeführt sind und von denen es eine Vielzahl geben kann, stellen Einkommen oder Vermögen dar. Diese sind ebenfalls zunächst zu verwerten. Solche Rechte können z. B. vertragliche Ansprüche sein, etwa Ansprüche auf Schadensersatz, Ansprüche auf Darlehensrückzahlung, Ansprüche aus Beteiligungen, Erbansprüche etc.

Wenn das Sozialamt auf Sie zukommt

Je nachdem, um welche Ansprüche es sich handelt, werden sie unterschiedlich geltend gemacht. In der Praxis werden teilweise zunächst nur die unterhaltspflichtigen Kinder angeschrieben, da der Sozialhilfebehörde andere Ansprüche oft nicht bekannt sind. Durch das Auskunftsersuchen an die Kinder erfahren die Sozialhilfebehörden oft erst, dass eventuell noch andere Ansprüche gegeben sind (siehe Nachrangprinzip S. 45).

Ansprüche auf Unterhalt: Rechtswahrungsanzeige und Auskunftsersuchen

Erhalten Ihr Vater bzw. Ihre Mutter Sozialhilfeleistungen, z. B. zur Begleichung der ungedeckten Heimkosten, so werden Sie als Kind des Sozialhilfeempfängers angeschrieben und darüber in Kenntnis gesetzt, dass an Ihre Eltern/Ihren Elternteil Sozialhilfeleistungen erbracht werden und deren eventueller Anspruch auf Unterhalt auf die Sozialhilfebehörde übergegangen ist. Gleichzeitig werden Sie und – soweit vorhanden – Ihr Ehegatte bzw. Ihre Ehegattin in diesem Schreiben aufgefordert, umfassend Auskunft über Ihr Einkommen und Vermögen zu geben.

Dieses Anschreiben hat rechtlich zwei Bedeutungen:
- Zum einen werden Sie über eine mögliche Unterhaltspflicht in Kenntnis gesetzt.
- Zum anderen wird von Ihnen Auskunft über Ihre wirtschaftlichen Verhältnisse und die Ihres Ehegatten verlangt.

Das Anschreiben enthält insbesondere folgende Punkte:
- Mitteilung, dass Sozialhilfeleistungen gezahlt werden
- Hinweis auf die Unterhaltspflicht nach dem bürgerlichen Recht (BGB)
- Hinweis auf Übergang des Unterhaltsanspruchs bis zur Höhe der geleisteten Sozialhilfe auf den Sozialhilfeträger
- Bitte um Ausfüllen eines Fragebogens, damit die Leistungsfähigkeit aufgrund der wirtschaftlichen Verhältnisse überprüft werden kann
- Hinweis auf die Verpflichtung zur Auskunft, die sich auch auf den Ehe- oder Lebenspartner erstreckt
- Angabe des Termins, bis zu welchem der ausgefüllte und unterschriebene Fragebogen zurückzusenden ist
- Hinweis, dass die Auskunftspflicht nicht identisch ist mit einer Unterhaltspflicht
- Hinweis auf eine ggf. zwangsweise Durchsetzung der Auskunftspflicht

Die Bedeutung der Rechtswahrungsanzeige

Die Mitteilung der Sozialhilfegewährung bezeichnet man als Rechtswahrungsanzeige. Deren Bedeutung liegt darin, dass

Sie – sollte sich ein zu zahlender Unterhaltsbetrag errechnen – ab Kenntnis dieser Rechtswahrungsanzeige Unterhaltszahlungen leisten müssen, jedoch nicht für einen Zeitraum vorher.

Beispiel

> Werden Sie als unterhaltspflichtiges Kind im September 2011 darüber in Kenntnis gesetzt, dass die Sozialhilfe bereits ab Mai 2011 Sozialleistungen für Ihren Vater im Pflegeheim erbringt, und ergibt sich aufgrund Ihrer wirtschaftlichen Verhältnisse eine Unterhaltspflicht, so müssen Sie nicht rückwirkend ab Mai 2011 Unterhalt zahlen, sondern erst ab dem Zeitpunkt, ab dem Sie von der Sozialhilfebehörde hiervon in Kenntnis gesetzt worden sind, also ab September 2011.

Das Auskunftsersuchen ist noch keine Zahlungsaufforderung!

Beachten Sie: Bei dieser Aufforderung zur Auskunft handelt es sich noch nicht um eine Zahlungsaufforderung. Dies wird leider nicht in jedem Anschreiben wirklich deutlich gemacht.

> Die Aufforderung zur Auskunft, insbesondere an eventuell unterhaltspflichtige Kinder, ist nicht zu verwechseln mit der Aufforderung zur Zahlung eines Betrags.

Auskunftspflicht der Schwiegerkinder

Während das Familienrecht in § 1605 BGB nur ausdrücklich eine Auskunftspflicht der Verwandten in gerader Linie – also der Kinder gegenüber ihren Eltern, jedoch nicht der Schwiegerkinder gegenüber ihren Schwiegereltern – vorsieht, müssen nach dem Sozialhilfegesetz (§ 117 SGB XII) das unterhaltspflichtige Kind und dessen Ehegatte (Schwiegerkind) umfassend über ihre Einkommens- und Vermögensverhältnisse Auskunft geben.

Der Ansicht, da das Schwiegerkind gegenüber seinen Schwiegereltern nicht unterhaltspflichtig sei, bestehe auch keine Auskunftspflicht, hat der BGH (Bundesgerichtshof) widersprochen.

Der Bundesgerichtshof hat § 1605 BGB in den Fällen, in denen für die Eltern Sozialhilfe geleistet wird, so ausgelegt, dass sich hieraus auch eine Verpflichtung der Ehegatten (Schwiegerkinder) zur Auskunft ergibt.

Zwar ist der Ehegatte gegenüber den Schwiegereltern des Unterhaltspflichtigen nicht zum Unterhalt verpflichtet, jedoch können sich nach der Rechtsprechung des BGH seine Einkommens- und Vermögensverhältnisse auf die wirtschaftliche Situation des Unterhaltspflichtigen auswirken und insoweit dessen Unterhaltspflicht gegenüber seinen Eltern beeinflussen. Zur Beurteilung der Frage, in welcher Höhe der Familienunterhalt anzusetzen ist, verlangt der BGH eine Würdigung unter Berücksichtigung des Einzelfalls (insbesondere zu Konsum- und etwaigen Spargewohnheiten des Unterhaltspflichtigen und dessen Ehegattin/deren Ehegatten).

Verweigert das unterhaltspflichtige Kind, das kein Einkommen hat, die Auskunft über Einkommen oder Vermögen seines Ehegatten oder verweigert der Ehegatte die Auskunft hinsichtlich seines Einkommens und Vermögens, wird die Behörde in der Regel mit einer sogenannten Stufenklage zunächst Auskunft auch über Einkommen und Vermögen des Ehegatten vor dem Familiengericht einklagen. Nach Vorliegen dieser Auskunft wird dann der Unterhalt geltend gemacht. Da der BGH entschieden hat, dass auch die Einkommensverhältnisse des nicht unterhaltspflichtigen Kindes darzulegen sind, ist es kaum sinnvoll, diese Auskunft zu verweigern.

Welche Rolle spielen Einkommen und Vermögen des Schwiegerkindes?

Zwar ist der Ehegatte des unterhaltspflichtigen Kindes seinen Schwiegereltern nicht zum Unterhalt verpflichtet, jedoch kann sich nach der Rechtsprechung des BGH das Einkommen des Schwiegerkindes auf die wirtschaftliche Situation des Unterhaltspflichtigen auswirken und insoweit dessen Unterhaltspflicht gegenüber seinen Eltern beeinflussen. Nach Rechtsprechung des BGH kann es auch beim gegenüber den Eltern unterhaltspflichtigen Kind auf das Einkommen des Ehegatten ankommen. Diese Rechtsprechung hat somit auch Auswirkungen auf das bürgerlich-rechtliche Unterhaltsrecht und das daran geknüpfte Auskunftsverlangen des Sozialhilfeträgers nach § 117 SGB XII (Sozialhilfegesetz), danach kann der Sozialhilfeträger nicht nur vom unterhaltspflichtigen Kind, sondern auch von dessen Ehegatten umfassend Auskunft über dessen Einkommen und Vermögen verlangen. Im Gegensatz zum Einkommen darf jedoch das Vermögen des Schwiegerkindes nicht, auch nicht indirekt, zum Unterhalt der Schwiegereltern herangezogen werden. Insofern ist die Auskunftsverpflichtung des Schwiegerkindes hinsichtlich dessen Vermögen praktisch bedeutungslos.

Der BGH hat u. a. in seinem Urteil vom 17.12.2003 (Az: XII ZR 224/00) entschieden, dass sowohl in den Fällen, in denen das Kind über ein Einkommen über dem Selbstbehalt verfügt und somit in der Lage ist für seine Eltern Unterhalt zu zahlen, als auch in den Fällen, in denen das Kind über kein oder nur über ein Einkommen unter dem Selbstbehalt verfügt, eine Inanspruchnahme und Auskunftsverpflichtung des Schwiegerkindes gegenüber den Träger der Sozialhilfe besteht. Es sei ggf. auf den Taschengeldanspruch zuzugreifen, zu dessen Bestimmung die Lebensverhältnisse im Einzelnen darzulegen sind.

Mit Rücksicht auf die Sparquote in Deutschland müsse der für seine eingeschränkte Leistungsfähigkeit darlegungsbelastete Unterhaltspflichtige auch dann, wenn das Familieneinkommen die ihm und seinem Ehegatten zuzubilligenden Mindestselbstbehaltsätze für den Unterhalt an Eltern nach der Düsseldorfer Tabelle übersteige, vortragen, wie sich der Familienunterhalt gestalte und ob und ggf. welche Beträge zur Vermögensbildung verwendet würden. Vermögensbildende Maßnahmen des Unterhaltspflichtigen dürften sich – soweit es nicht etwa um die Finanzierung eines angemessenen Eigenheims oder in angemessenem Rahmen betriebene zusätzliche Altersversorgung gehe – nicht zulasten eines unterhaltsberechtigten Elternteils auswirken.

In diesem Sinne bedeutsame Anhaltspunkte könne auch der Träger der Sozialhilfe geltend machen, da er nach § 117 Abs. 1 SGB XII von dem Unterhaltspflichtigen und seinem nicht getrennt lebenden Ehegatten Auskunft über ihre Einkommens- und Vermögensverhältnisse verlangen könne, soweit die Durchführung dieses Gesetzes es erfordere.

Zur Beurteilung der Frage, in welcher Höhe der Familienunterhalt anzusetzen ist, verlangt der BGH eine Würdigung unter Berücksichtigung der konkreten Umstände des Einzelfalls (insbesondere zu Konsum- und etwaigen Spargewohnheiten der Unterhaltspflichtigen und ihrer Ehegatten).

Die Zahlungsaufforderung – wenn die Behörde Sie bittet zu zahlen

Bei der Aufforderung der Behörde an die Kinder, einen bestimmten Unterhaltsbetrag zu zahlen, handelt es sich nicht um einen Verwaltungsakt, sondern vielmehr um eine Aufforderung bzw. Bitte, den von der Behörde ausgerechneten Betrag zu zahlen. Es handelt sich dabei um die Geltendmachung einer zivilrechtlichen-familienrechtlichen Forderung und nicht um einen verwaltungsrechtlichen Kostenbescheid. Gegen diese Zahlungsaufforderung ist deswegen kein verwaltungsrechtlicher Widerspruch zulässig.

Die Behörde kann, da es sich bei der Geltendmachung einer Unterhaltsforderung nicht um einen verwaltungsrechtlichen Kostenbescheid handelt, aus diesem Schreiben nicht vollstrecken, d. h. nicht den Gerichtsvollzieher schicken. Sie können unter Beachtung der nachfolgenden Ausführungen bei der Behörde Gegenvorstellungen erheben bzw. die Forderung ganz oder teilweise zurückweisen. Kommt es zu keiner Einigung, so muss die Behörde denjenigen verklagen, von dem sie Zahlung verlangt. Klagen müssen also nicht Sie, sondern die Behörde. Erst wenn ein endgültiges Urteil vorliegt oder Sie einen gerichtlichen Vergleich geschlossen haben, müssen Sie zahlen.

Forderung nach Kostenersatz

Eine Ausnahme besteht jedoch, wenn ausdrücklich Kostenersatz nach den verwaltungsrechtlichen Vorschriften gefordert wird. Im Gegensatz zur Überleitung von Unterhaltsansprüchen und sonstigen zivilrechtlichen Ansprüchen ist ausdrücklich im Sozialhilfegesetz geregelt, dass in bestimmten Fällen Kostenersatz für die erbrachte Sozialhilfe geleistet werden muss.

Praktische Bedeutung hat der Kostenersatz der Erben (siehe Seite 65): Die Erben haften nicht nur aufgrund erbrechtlicher Vorschriften mit dem Erbe für die Schulden des Sozialhilfeempfängers, sondern das Sozialhilfegesetz sieht ausdrücklich vor, dass die Erben bzw. der Nachlass zunächst für die geleistete Sozialhilfe zu verwenden ist. Bei diesem Kostenersatz handelt es sich somit nicht um eine zivil-, sondern um eine verwaltungsrechtliche Forderung, die mit einem Bescheid geltend zu machen ist.

Ein Bescheid, mit dem Kostenersatz gefordert wird, ist normalerweise ausdrücklich als Bescheid bezeichnet. Er enthält in der Regel auch eine Rechtsmittelbelehrung. Gegen einen solchen Bescheid ist der Widerspruch an die Behörde möglich und – sollte die Widerspruchsentscheidung negativ sein – Klage zum Sozialgericht. Widerspruch und Klage müssen jeweils innerhalb eines Monats ab Kenntnisnahme bzw. Zustellung erfolgen.

Welches Gericht zuständig ist, hängt davon ab, welche Art Forderung geltend gemacht wird. Macht die Behörde einen Unterhaltsanspruch gegen Sie als Kind des Elternteils, der Sozialhilfe erhält, geltend, so muss Sie sich zunächst – unabhängig von der Höhe der Forderung – an das Familiengericht bei dem Amtsgericht wenden, das für Ihren Wohnort zuständig ist. Handelt es sich um sonstige Forderungen aus Vertrag, Widerruf von Schenkung etc., so ist das Zivilgericht zuständig, bei einer Forderung von mehr als 5.000 Euro in erster Instanz das Landgericht.

Sonstige Ansprüche: Überleitung des Anspruchs

Werden sonstige Ansprüche geltend gemacht, handelt es sich in der Regel um zivilrechtliche Ansprüche. Damit die Behörde einen solchen Anspruch vor dem Zivilgericht einklagen kann, muss sie zunächst diesen Anspruch auf sich überleiten. Meint die Behörde, dass ein solcher Anspruch des Elternteils, der Sozialhilfe erhält, gegen einen Ditten (auch gegen Sie als Kind) besteht, so muss sie gegenüber diesem Dritten zunächst einen Bescheid erlassen, mit dem sie diese Forderung auf sich überleitet. Ein solcher Überleitungsbescheid sieht z. B. wie folgt aus:

> Sehr geehrter Herr/Sehr geehrte Frau XY,
>
> Frau M. erhält von uns Leistungen der Soziahilfe.
> Sie haben innerhalb der letzten zehn Jahre einen Geldbetrag von 50.000 Euro geschenkt erhalten.
> Der Anspruch auf Widerruf der Schenkung von 50.000 Euro wird auf die Stadt M. übergeleitet. Wir fordern Sie hiermit auf, die von uns bisher erbrachten Sozialhilfeleistungen in Höhe von X Euro und die monatlichen Kosten in Höhe von X Euro zu übernehmen.
>
> Freundliche Grüße
>
> (Unterschrift)

Dieses Schreiben ist ein verwaltungsrechtlicher Bescheid, gegen den man zunächst Widerspruch und dann ggf. – sollte dem Widerspruch nicht stattgegeben werden – Klage vor dem Sozialgericht erheben kann. Aber auch hier gilt, dass die Behörde nicht aufgrund des Bescheids vollstrecken (also den Gerichtsvollzieher schicken) kann.

Wurden gegen diesen Überleitungsbescheid Widerspruch und Klage entweder gar nicht oder erfolglos erhoben, so kann der Dritte nunmehr, wenn er sich weigert, Zahlung zu leisten, vor dem zuständigen Zivilgericht verklagt werden. Teilweise wird nicht gleich Klage erhoben, sondern ein sogenannter Mahnbescheid beantragt, der durch das Mahngericht demjenigen, der zahlen soll, zugestellt wird. Gegen diesen Mahnbescheid kann man innerhalb von zwei Wochen ab Zustellung Widerspruch beim Mahngericht einreichen.

Wie hoch ist der Unterhalt?

Die Düsseldorfer Tabelle bildet zusammen mit einer Reihe von BGH-Entscheidungen die Grundlage für den Unterhaltsanspruch von Eltern gegenüber ihren Kindern.

In diesem Kapitel finden Sie Antworten auf folgende Fragen:

- Welches Einkommen zählt als Grundlage der Berechung Ihrer Unterhaltszahlung (S. 81)?
- Wie wird die Höhe Ihrer Unterhaltszahlung ermittelt (S. 93)?
- In welchem Umfang müssen Sie eigenes Vermögen für den Unterhalt einsetzen (S. 98)?

Unterhaltsrelevantes Einkommen – was ist das?

Eigener Unterhalt muss gesichert bleiben

Der Unterhalt, den Sie Ihren bedürftigen Eltern zahlen müssen, bemisst sich daran, was Ihnen verbleiben muss, damit Ihr Unterhalt und ggf. der Ihrer Familie gesichert ist.

Was einem unterhaltspflichtigen Kind und seiner Familie an Einkommen und Vermögen verbleiben muss, ist jedoch nirgends eindeutig geregelt. Grundsätzlich kommt es immer auf den konkreten Einzelfall an.

Die unterhaltsrechtlichen Leitlinien

Hierzu wurde die sogenannte Düsseldorfer Tabelle entwickelt, an der sich die Gerichte orientieren. Die Oberlandesgerichte in Deutschland veröffentlichen außerdem regelmäßig sogenannte unterhaltsrechtliche Leitlinien, in denen geregelt ist, wie viel Unterhalt entsprechend den Einkommensverhältnissen ein Unterhaltspflichtiger zahlen muss und wie viel ihm mindestens verbleiben muss.

Da diese Leitlinien hauptsächlich auf den Unterhalt von Ehegatten und Kindern abgestellt waren bzw. sind, jedoch nicht oder nur unzureichend auf den Unterhalt von Eltern, hat der Bundesgerichtshof in einer Reihe von Entscheidungen näher konkretisiert, wie sich der Unterhaltsanspruch von Eltern gegenüber Kindern errechnet.

> Dabei hat er immer wieder betont, dass das unterhaltspflichtige Kind eine Reduzierung seines Lebensstandards nicht hinnehmen muss und der Unterhalt gegenüber Eltern nachrangig gegenüber dem Unterhaltsanspruch von Ehegatten und Kindern ist.

Der sogenannte Selbstbehalt

Bei den Oberlandesgerichten existieren den jeweiligen örtlichen Lebensverhältnissen angepasste, sogenannte unterhaltsrechtliche Leitlinien. In diesen ist geregelt, wie sich die Unterhaltsansprüche grundsätzlich errechnen und welcher Betrag dem Unterhaltspflichtigen zum Leben verbleiben muss.

Beispiel

> Nach den meisten unterhaltsrechtlichen Leitlinien der Oberlandesgerichte müssen in der Regel einem unterhaltspflichtigen Kind ca. 1.500 Euro und seinem Ehegatten 1.200 Euro verbleiben. In diesen Beträgen sind Kosten für Unterkunft für einen Alleinstehenden in Höhe von 450 Euro, für ein Ehepaar in Höhe von 800 Euro enthalten. (Stand „Düsseldorfer Tabelle" 1.1.2011)

Den für Sie geltenden Betrag erfragen Sie am besten bei dem für Ihren Wohnsitz zuständigen Familien- bzw. Oberlandesgericht. Klarheit besteht insofern, als sich der sogenannte Mindestselbstbehalt gegenüber dem Unterhaltsanspruch von Eltern nach diesen sogenannten Tabellensätzen bemisst und nur die Hälfte des verbleibenden Einkommens für den Unterhalt der Eltern eingesetzt werden muss.

Die Düsseldorfer Tabelle sieht ab 2011 Folgendes vor:

> Angemessener Selbstbehalt: gegenüber den Eltern: mindestens monatlich 1.500 EUR (einschließlich 450 EUR Warmmiete) zuzüglich der Hälfte des darüber hinausgehenden Einkommens, bei Vorteilen des Zusammenlebens in der Regel 45 % des darüber hinausgehenden Einkommens. Der angemessene Unterhalt des mit dem Unterhaltpflichtigen zusammenlebenden Ehegatten bemisst sich nach den ehelichen Lebensverhältnissen (Halbteilungsgrundsatz), beträgt jedoch mindestens 1.200 EUR (einschließlich 350 EUR Warmmiete).

Die vollständige Düsseldorfer Tabelle finden Sie im Internet auf: http://www.olg-duesseldorf.nrw.de

Diese Leitlinien dienen lediglich zur Orientierung. Der Bundesgerichtshof macht die konkrete Höhe des Selbstbehalts vom Einkommen und vom sozialen Rang des unterhaltspflichtigen Kindes abhängig. Somit sind die Familiengerichte gehalten, den jeweiligen Selbstbehalt unter Berücksichtigung der individuellen Gegebenheiten jeweils selbst zu bestimmen.

Zur Bestimmung des Betrags, der einem verbleiben muss, wird zunächst das sogenannte unterhaltsrechtlich relevante Einkommen ermittelt. Von diesem Betrag wird dann der entsprechende Mindestselbstbehalt abgezogen. Vom überschießenden Betrag muss dann in der Regel die Hälfte zum Unterhalt eingesetzt werden.

Das unterhaltsrechtlich relevante Einkommen wird ermittelt, indem vom Nettoeinkommen zunächst Abzüge vorgenommen werden, die sich aus der individuellen Situation des unterhaltspflichtigen Kindes ergeben. Erst das danach übrig bleibende Einkommen ist Berechnungsgrundlage für die eventuelle Unterhaltszahlung. Von diesem bereinigten Einkommen wird dann der Selbstbehalt, der beim Elternunterhalt gewährt wird, abgezogen (s. o.). Verbleibt dann ein Restbetrag, so wird das diesen Selbstbehalt übersteigende Einkommen jedoch nur zu Hälfte für den Elternunterhalt herangezogen. (Siehe ab S. 93.)

Aufstellung über Einnahmen, Ausgaben und Vermögen

Damit die Behörde genau über ihre wirtschaftliche Situation informiert ist, ist es unbedingt notwendig, ihr zunächst alle regelmäßigen und wiederkehrenden Ausgaben mitzuteilen, nicht nur die in den Fragebögen enthaltenen. Denn nur dann kann eine einigermaßen korrekte Berechnung vorgenommen werden. Listen Sie frühzeitig und unter Beifügung von Belegen alle relevanten Ausgaben zum Nachweis Ihrer wirtschaftlichen Situation auf. Kosten für Ernährung und Kleidung sind im Selbstbehalt bereits enthalten, sodass Sie diese nicht angeben müssen, es sei denn, es entstehen Ihnen in diesem Bereich besondere Kosten, zum Beispiel eine aufwändige Ernährung wegen Krankheit etc. Es empfiehlt sich, getrennt nach Ehegatten und ggf. Kindern Aufstellungen über Einkommen und Ausgaben sowie über das Vermögen zu fertigen. Soweit Einkommen, Ausgaben und Vermögen zusammenhängen, ist dies in allen Aufstellungen hinreichend deutlich zu machen.

Beispiel

> Haben Sie z. B. eine Immobilie vermietet und bestehen hier noch Schulden, so ist auf dem Blatt über das Einkommen getrennt von den anderen Einkommensarten für diese Immobilie zunächst aufzulisten, welche Einnahmen Sie daraus erzielen, und sodann, welche Ausgaben – z. B. Grundsteuer, Versicherungen etc. – und, soweit vorhanden, welche Zins- und Tilgungsleistungen (hier jeweils aufführen) hierfür zu erbringen sind. In der Vermögensaufstellung ist dann der Wert dieser Immobilie abzüglich eventueller Schulden anzugeben.

Im Folgenden finden Sie ein Beispiel, welche Einnahmen- und Ausgabenposten in den unterhaltsrechtlichen Leitlinien enthalten sein können:

Auflistung der Einnahmen

- Geldeinnahmen
    - Auszugehen ist vom Bruttoeinkommen als Summe aller Einkünfte.
    - Soweit Leistungen nicht monatlich anfallen (z. B. Weihnachts- und Urlaubsgeld), werden sie auf ein Jahr umgelegt. Einmalige Zahlungen (z. B. Abfindungen) sind auf einen angemessenen Zeitraum (in der Regel mehrere Jahre) zu verteilen.
    - Überstundenvergütungen werden dem Einkommen voll zugerechnet, soweit sie berufstypisch sind und das in diesem Beruf übliche Maß nicht überschreiten.
    - Ersatz für Spesen und Reisekosten sowie Auslösungen gelten in der Regel als Einkommen. Damit zusammenhängende Aufwendungen, vermindert um häusliche Ersparnis, sind jedoch abzuziehen. Bei Aufwendungspau-

schalen (außer Kilometergeld) kann ein Drittel als Einkommen angesetzt werden.
- Bei der Ermittlung des zukünftigen Einkommens eines Selbstständigen ist in der Regel der Gewinn der letzten drei Jahre zugrunde zu legen.
- Einkommen aus Vermietung und Verpachtung sowie aus Kapitalvermögen ist der Überschuss der Bruttoeinkünfte über die Werbungskosten. Für Gebäude ist keine AfA anzusetzen.
- Steuerzahlungen oder Erstattungen sind in der Regel im Kalenderjahr der tatsächlichen Leistung zu berücksichtigen.
- Sonstige Einnahmen, z. B. Trinkgelder
- Sozialleistungen
- Arbeitslosengeld (§ 117 SGB III) und Krankengeld
- Arbeitslosengeld II (nach dem SGB II) beim Verpflichteten. Beim Berechtigten sind Leistungen zur Sicherung des Lebensunterhalts nach §§ 19 ff. SGB II kein Einkommen, es sei denn, die Nichtberücksichtigung der Leistungen ist in Ausnahmefällen treuwidrig (vgl. BGH FamRZ 1999, 843; 2001, 619)
- Wohngeld, soweit es nicht erhöhte Wohnkosten deckt
- BAföG-Leistungen, auch soweit sie als Darlehen gewährt werden, mit Ausnahme von Vorausleistungen nach §§ 36, 37 BaföG
- Unfallrenten
- Leistungen aus der Pflegeversicherung, Blindengeld, Versorgungsrenten, Schwerbeschädigten- und Pflege-

zulagen nach Abzug eines Betrags für tatsächliche Mehraufwendungen; § 1610a BGB ist zu beachten. Danach sind solche Sozialleistungen nicht anzurechnen, die wegen eines Gesundheits- oder Körperschadens gezahlt werden, z. B. Blindengeld, Grundrente nach dem BVG, Pflegegeld nach SGB XI etc.

− Der Anteil des Pflegegelds bei der Pflegeperson, durch den ihre Bemühungen abgegolten werden; bei Pflegegeld aus der Pflegeversicherung gilt dies nach Maßgabe des § 13 VI SGB XI.

− In der Regel Leistungen nach §§ 41–43 SGB XII (Grundsicherung) beim Verwandten-, nicht aber beim Ehegattenunterhalt.

− Kein Einkommen sind sonstige Sozialhilfe nach SGB XII und Leistungen nach dem UVG. Die Unterhaltsforderung eines Empfängers dieser Leistungen kann in Ausnahmefällen treuwidrig sein (BGH FamRZ 1999, 843 bzw. 2001, 619).

− Geldwerte Zuwendungen aller Art des Arbeitgebers, z. B. Firmenwagen oder freie Kost und Logis, sind Einkommen, soweit sie entsprechende Eigenaufwendungen ersparen.

− Der Wohnvorteil durch mietfreies Wohnen im eigenen Heim ist als wirtschaftliche Nutzung des Vermögens unterhaltsrechtlich wie Einkommen zu behandeln. Neben dem Wohnwert sind auch Zahlungen nach dem Eigenheimzulagengesetz anzusetzen.

> Ein Wohnvorteil liegt nur vor, soweit der Wohnwert den berücksichtigungsfähigen Schuldendienst, erforderliche Instandhaltungskosten und die verbrauchsunabhängigen Kosten, mit denen ein Mieter üblicherweise nicht belastet wird, übersteigt.

- Haushaltsführung: Führt jemand einem leistungsfähigen Dritten den Haushalt, so ist hierfür ein Einkommen anzusetzen; bei Haushaltsführung durch einen Nichterwerbstätigen geschieht das in der Regel mit einem Betrag von 200 bis 550 Euro.
- Einkommen aus unzumutbarer Erwerbstätigkeit kann nach Billigkeit ganz oder teilweise unberücksichtigt bleiben. Einkommen aus unzumutbarer Tätigkeit kann vorliegen, wenn eine Mutter z. B. wegen des Alters des Kindes noch keiner vollschichtigen Tätigkeit nachgehen müsste, es aber dennoch tut.
- Freiwillige Zuwendungen Dritter (z. B. Geldleistungen, kostenloses Wohnen) sind als Einkommen zu berücksichtigen, wenn dies dem Willen des Dritten entspricht.

Kindergeld wird nicht zum Einkommen gerechnet.

Ausgaben, um die das Einkommen bereinigt wird

- Vom Bruttoeinkommen sind Steuern, Sozialabgaben und/oder angemessene Vorsorgeaufwendungen abzusetzen (Nettoeinkommen). Steuervorteile sind in Anspruch zu nehmen (z. B. Eintragung eines Freibetrags bei Fahrtkosten, für unstreitigen oder titulierten Unterhalt).

- Berufsbedingte Aufwendungen, die sich von den privaten Lebenshaltungskosten nach objektiven Merkmalen eindeutig abgrenzen lassen, sind im Rahmen des Angemessenen vom Nettoeinkommen aus unselbstständiger Arbeit abzuziehen. Bei Vorliegen entsprechender Anhaltspunkte kann eine Pauschale von fünf Prozent des Nettoeinkommens angesetzt werden. Übersteigen die berufsbedingten Aufwendungen die Pauschale, so sind sie im Einzelnen darzulegen. Bei beschränkter Leistungsfähigkeit kann im Einzelfall mit konkreten Kosten gerechnet werden.
- Für die notwendigen Kosten der berufsbedingten Nutzung eines Kraftfahrzeugs kann der nach den Sätzen des § 5 II Nr. 2 JVEG anzuwendende Betrag (derzeit 0,30 Euro) pro gefahrenen Kilometer angesetzt werden. Damit sind in der Regel Anschaffungskosten erfasst. Bei langen Fahrtstrecken (ab ca. 30 km einfach) kann nach unten abgewichen werden (für jeden Mehrkilometer in der Regel 0,20 Euro).
- Bei einem Auszubildenden sind in der Regel 90 Euro als ausbildungsbedingter Aufwand abzuziehen.
- Kinderbetreuungskosten sind abzugsfähig, soweit die Betreuung durch Dritte infolge der Berufstätigkeit erforderlich ist. Außerdem kann ein den individuellen Umständen angepasster Kinderbetreuungsbonus angesetzt werden.
- Berücksichtigungswürdige Schulden (z. B. für die Anschaffung von Hausrat, Gründung eines Hausstands, Finanzierung einer selbst genutzten Immobilie) – und zwar Zins und Tilgung – sind abzuziehen; die Abzahlung soll im Rahmen eines vernünftigen Tilgungsplans in angemessenen Raten erfolgen.

- Vermögensbildende Aufwendungen sind im angemessenen Rahmen abzugsfähig.
- Unfallversicherung
- Krankenzusatzversicherung
- Bei einer selbstbewohnten Immobilie
  - Grundsteuer
  - Brandversicherung
  - Gebäudehaftpflichtversicherung
  - Kaminkehrer
  - Straßenreinigung
  - Müllabfuhr
  - Zins
  - Tilgung
  - Hausgeld (bei ETW)
  - Gebäudeversicherung
  - Erhaltungsaufwand
- Ausgaben für die Altersvorsorge: Insbesondere sei darauf hingewiesen, dass Sie als unterhaltspflichtiges Kind nach der Rechtsprechung des Bundesgerichtshofs pro Monat fünf Prozent Ihres Bruttoeinkommens für die sekundäre Altersvorsorge von Ihrem Einkommen abziehen dürfen. Als Selbstständiger können Sie – soweit Sie nicht in der gesetzlichen Rentenversicherung oder einem berufständischen Versorgungswerk Mitglied sind und hier Beiträge abführen – für die primäre Altersvorsorge 20 Prozent Ihres

zu versteuernden Einkommens abziehen und zusätzlich fünf Prozent für die sekundäre Altersvorsorge.

> Unter primärer Altersvorsorge versteht man die gesetzliche Rentenversicherung, unter sekundärer Altersvorsorge die private Vorsorge.

Sind Sie als selbstständiges Mitglied in der gesetzlichen Rentenversicherung oder einem berufsständischen Versorgungswerk, können Sie selbstverständlich diese Ausgaben geltend machen. Entsprechendes gilt für Beiträge zu einer gesetzlichen oder privaten Krankenversicherung.

Ungeklärt ist die Frage, ob jemand, der wegen Überschreitung der in der Rentenversicherung geltenden Beitragsbemessungsgrenze weniger als den normalen Prozentsatz (derzeit ca. 20 Prozent) entsprechend seinem Bruttoeinkommen entrichtet, einen höheren Betrag als fünf Prozent für die sekundäre Altersvorsorge geltend machen kann. Es erscheint sachgerecht, in diesem Fall einen weiteren Prozentsatz vom Bruttoeinkommen als abzugsfähig zuzubilligen, welcher sich nach Abzug des tatsächlich prozentual zum Bruttoeinkommen gezahlten Rentenbeitrags ergibt.

Beispiel

> Der an die Renteversicherung zu zahlende Beitrag beträgt 20 Prozent. Wegen Überschreitung der Beitragsbemessungsgrenze wird jedoch bezogen auf das tatsächliche Bruttogehalt nur ein Betrag von 17 Prozent gezahlt. Der Unterschied von drei Prozent müsste zusätzlich zu den fünf Prozent für die sekundäre Altersvorsorge gewährt werden, sodass in diesem Fall für die sekundäre Altersvorsorge acht Prozent gewährt werden müssten.

Von den Behörden und teilweise von den Gerichten werden jedoch keine pauschalen Abzüge für die sekundäre Altersvorsorge anerkannt, sondern nur tatsächliche Ausgaben. Dabei steht es dem Unterhaltspflichtigen frei, wie er dieses Geld anlegt, etwa als Immobilienvermögen, Sparvermögen oder auf sonstige Weise. Sie müssen nur nachweisen können, dass dieses Geld Ihrer Altersvorsorge dient.

Haben Sie die Aufstellung entsprechend den obigen Ausführungen gemacht, so können Sie weitere Ausgaben, die Sie regelmäßig tätigen, auflisten. Leider werden Aufwendungen für kulturelle Zwecke, Kleidung, Hundehaltung und Rücklagen für Hausratbeschaffung oder Urlaub etc. von den Familiengerichten häufig nicht anerkannt. Uneinheitlich ist die Rechtsprechung hinsichtlich der Rücklage für notwendigen Erhaltungs- und Renovierungsaufwand einer selbst genutzten Immobilie.

Der BGH hat in seinem Urteil vom 30. August 2006 (Az: XII ZR 98/04) jedoch eine Rücklage für die Anschaffung eines Pkw anerkannt. Er hat hier u. a. ausgeführt: „Wenn der Beklagte teure Konsumgüter, wie z. B. einen Pkw, statt durch Kreditaufnahme mit einem vorab gesparten Betrag finanziert, ist dies wirtschaftlich sinnvoll." Aus dieser Aussage kann gefolgert werden, dass notwendige Rücklagen, wie hier z. B. für einen Pkw, aber auch für Reparaturen und Instandhaltung von Immobilen etc. vom Einkommen unterhaltsmindernd abgezogen werden können

Besitzen Sie eigenes Immobilienvermögen, also eine Eigentumswohnung oder ein Haus, das Sie selbst bewohnen, und erbringen Sie hierfür Zins- und Tilgungsleistungen, so wurde teilweise – insbesondere, wenn im Verhältnis zum Einkommen eine relativ hohe Belastung besteht – kein Abzug für die sekundäre Altersvorsorge mehr anerkannt. Hier ist nunmehr auf den konkreten Einzelfall unter Berücksichtigung der sonstigen Altersabsicherung und des Wohnvorteils abzustellen. (Näheres siehe S. 103.)

Bilden sie Rückstellungen, z. B. für notwendige Ersatzbeschaffungen, so kann im Einzelfall eine Berücksichtigung erfolgen (z. B. Rücklagen für notwendige Reparatur-, Instandsetzungs-, Renovierungs- oder Erhaltungsarbeiten einer selbst genutzten Immobilie). Während bei der Berücksichtigung von Vermögen Rücklagen für die Ersatzbeschaffung eines PKWs abgezogen werden können, werden diese Rücklagen als Abzugsposten beim Einkommen teilweise nicht berücksichtigt. Der Kredit für einen PKW, welcher vor Einsetzen der Sozialhilfe aufgenommen wurde, muss dagegen in der Regel berücksichtigt werden.

Der Steuervorteil, welcher aus der AfA (Abschreibung) resultiert, wird dem Einkommen hinzugerechnet.

Ausgaben, die nicht berücksichtigt werden

Was im Mindestselbstbehalt enthalten ist, ist nicht ganz eindeutig. Es finden sich Hinweise, dass man bei der Berechnung des Selbstbehalts grundsätzlich vom sogenannten „Warenkorb", der dem Bedarf der Sozialhilfe bzw. des Arbeitslosengeldes II zugrunde liegt, ausgeht.

Im sogenannten Warenkorb ist Folgendes enthalten:

- Nahrungs- und Genussmittel, Kaffee, Restaurant, Tabak, Getränke
- Strom und Gas (Kochen, Licht, Elektrogeräte)
- Wäsche und Hausrat von geringem Wert, Putz- und Pflegemittel
- Laufende Instandhaltung von Schuhen, Kleidung und Wäsche
- Körperpflege und Reinigung, Gesundheitspflegemittel
- Bücher, Zeitungen, Veranstaltungen, Bildung, Kultur und Sport
- Nicht berufsbedingte Verkehrsleistungen
- Telefon, Porto, Internet, sonstige Kommunikationsleistungen
- Geschenke, persönliche Bedürfnisse
- Kontoführungsgebühren, Sonstiges
- „Einmalige Bedarfe" (Ansparen für Bekleidung, Schuhe, Wäsche, langlebige und preisaufwändige Gebrauchsgüter, Reparaturen, Renovierungen, Qualifizierungen)
- Hausratversicherung
- Haftpflichtversicherung

Diese Ausgaben sollten Sie also von vornherein nicht auflisten, da sie nicht zusätzlich vom Einkommen abgezogen werden können. Es kann davon ausgegangen werden, dass diese Ausgaben im Selbstbehalt enthalten sind.

Zusätzliche und besondere Aufwendungen

Handelt es sich um berufsbedingte Aufwendungen oder solche aufgrund einer besonderen Situation (Krankheit, Umgang mit dem Kind, das aufgrund einer Trennung/Scheidung beim anderen Elternteil lebt, etc.), können Sie diese gesondert auflisten. Entstehen Ihnen zusätzliche Ausgaben, die nicht im Selbstbehalt enthalten sind, sollten Sie diese auf jeden Fall bei den Ausgaben aufführen. Unabhängig davon ist ein sogenannter Sonderbedarf ebenfalls aufzuführen, z. B. krankheitsbedingte Mehrkosten, insbesondere Zuzahlungen zu Medikamenten, medizinische Behandlungen etc., sonstige zusätzliche Kosten, die für die Erziehung und Ausbildung der Kinder entstehen. Allein für das Vorliegen eines Grades der Behinderung (GdB, Schwerbehinderung) wird kein pauschaler Freibetrag gewährt, es werden nur eventuelle Kosten anerkannt, die aufgrund der Behinderung entstehen und die nachgewiesen werden.

> Nur wenn Sie sämtliche Ausgaben aufführen, können Sie auch schlüssig Ihren Lebensstandard darlegen.

Können Sie Ausgaben nicht belegen, so wird davon ausgegangen, dass Geld für die Vermögensbildung zur Verfügung steht. Nach der Rechtsprechung des Bundesgerichtshofs ist Vermögensbildung zulasten der unterhaltsbedürftigen Eltern – mit Ausnahme der Rücklage für die primäre und sekundäre Altersvorsorge – unzulässig.

So wird der zu zahlende Unterhalt berechnet

Liegen dem Sozialamt nun alle Ihre Einnahmen und Ausgaben vor, so erfolgt eine Berechnung Ihrer sogenannten Leistungsfähigkeit. Nach Abzug der notwendigen Ausgaben muss Ihnen – wie bereits erwähnt – ein sogenannter Selbstbehalt verbleiben. In den folgenden Beispielen wird mit einem Selbstbehalt von 1.500 Euro gerechnet, der in den meisten unterhaltsrechtlichen Leitlinien festgehalten ist.

Hat das unterhaltspflichtige Kind noch weitere vorrangige Unterhaltsverpflichtungen gegenüber Kindern und Ehefrau (geschiedener Frau), so sind diese vom verbleibenden Einkommen auch noch abzusetzen (Berechnung s. u.)

Wie sich der Unterhalt bei mehreren Kindern berechnet

Sind mehrere Kinder vorhanden, sind prinzipiell alle unterhaltspflichtig. Welchen Betrag jedes Kind zahlen muss, errechnet sich aus dem Verhältnis des von allen Kindern grundsätzlich ohne Berücksichtigung der anderen Geschwister zu zahlenden theoretischen Betrags zum Gesamtbetrag, der von allen Kindern theoretisch gezahlt werden könnte (zumutbar wäre). Dies hat aber nur dann praktische Bedeutung, wenn der zumutbare zu leistende Gesamtbetrag höher ist als der von der Sozialhilfe an die Eltern gezahlte Betrag.

Beispiel:

> Der ungedeckte Bedarf (das, was die Sozialhilfe zahlt) beträgt 500 € monatlich. Kind A hat ein den Selbstbehalt übersteigendes Einkommen von 1.000 €. Kind B hat ein den Selbstbehalt übersteigendes Einkommen von 500 €, die Gesamtleistungsfähigkeit beträgt also 1.500 €. Die Anteile der Kinder berechnen sich folgendermaßen: Anteil Kind A = 66,66 %, Anteil Kind B = 33,33 %. Es ergibt sich folgende Rechnung:
>
> Der Bedarf beträgt 500 €. Kind A muss 66,66 % von 500 € = 330,30 €, Kind B muss 33,33 % von 500 € = 166,70 € zahlen.

Wie die Kinder und Ehegatten der Kinder berücksichtigt werden

Vom Einkommen des unterhaltspflichtigen Kindes sind nach Abzug berücksichtigungsfähiger Ausgaben der Ehegatten- und der Kindesunterhalt abzuziehen. Die Kindesunterhaltstabellen gehen von einem Ehepaar, bei dem ein Ehegatte dem anderen Unterhalt zahlen muss, und zwei unterhaltsberechtigten Kindern aus. Sind mehr oder weniger Kinder vorhanden, so wird dies insofern berücksichtigt, als man in den Unterhaltstabellen die nächst höhere (nur ein Kind) oder nächst niedrigere Spalte als Grundlage nimmt.

Bei Erwerbseinkünften wird eine sogenannte Werbungskostenpauschale von fünf Prozent des Nettoeinkommens gewährt, es sei denn, es werden höhere Aufwendungen nachgewiesen.

Nachfolgende Beispiele sollen nur die grundsätzliche Berechnungsmethode veranschaulichen. Ausgegangen wird von einem Mindestselbstbehalt des unterhaltspflichtigen Kindes von 1.500 Euro und für den Ehegatten von 1.200 Euro (Düsseldorfer Tabelle, Stand 1.1.2011, vgl. S. 80).

Grundsätzlich können neben der Erwerbspauschale von mindestens 5 % des Nettoeinkommens noch sonstige berücksichtigungsfähige Kosten sowie 5 % des Bruttoeinkommens für die sekundäre Altersversorgung abgezogen werden.

Beispiel 1: Allein lebendes unterhaltspflichtiges Kind

(vereinfachte Rechnung – Stand Düsseldorfer Tabelle 2011)

Nettoeinkommen	2.500 €
– Berücksichtigungsfähige Ausgaben	500 €
Unterhaltsrechtlich relevantes Einkommen	2.000 €
– Selbstbehalt	1.500 €
Unterschiedsbetrag	500 €
Einzusetzen davon sind nur 50 %	250 €

In diesem ausführlichen Beispiel wird davon ausgegangen, dass die Miete nicht mehr als 350 Euro beträgt. Würde sie 450 Euro betragen, können die Mehrkosten von 100 Euro noch abgezogen werden. Dann ergäbe sich folgende Rechnung:

Variante Beispiel 1:

(wie oben, mit Mehrkosten für Miete)	
Nettoeinkommen	2.500,00 €
abzügl. 5 % Erwerbspauschale (wenn tatsächliche Kosten nicht höher)	125,00 €
Sekundäre Altersvorsorge 5 % von 4.400 €	220,00 €
Sonstige berücksichtigungsfähige Ausgaben	200,00 €
abzügl. Mehrkosten Miete (450 – 350)	100,00 €
Unterhaltsrechtlich relevantes Einkommen	1.855,00 €
– Selbstbehalt	1.500,00 €
Unterschiedsbetrag	355,00 €
Einzusetzen davon sind nur 50 %	177,50 €

Wenn beide Ehegatten verdienen

In seinem Urteil vom 28. Juli 2010 (Az: XII ZR 140/07) hat der Bundesgerichtshof ausgeführt:

1 Verfügt der Unterhaltspflichtige über höhere Einkünfte als sein Ehegatte, ist die Leistungsfähigkeit zur Zahlung von Elternunterhalt in der Regel wie folgt zu ermitteln: Von dem Familieneinkommen wird der Familienselbstbehalt in Abzug gebracht. Das verbleibende Einkommen wird um die Haushaltsersparnis vermindert. Die Hälfte des sich ergebenden Betrages kommt zuzüglich des Familienselbstbehalts dem Familienunterhalt zugute. Zu dem so bemessenen individuellen Familienbedarf hat der Unterhaltspflichtige entsprechend dem Verhältnis der Einkünfte der Ehegatten beizutragen. Für den Elternunterhalt kann der Unterhaltspflichtige die Differenz zwischen seinem

Einkommen und seinem Anteil am Familienunterhalt einsetzen.

2 Die Haushaltsersparnis, die bezogen auf das den Familienselbstbehalt übersteigende Familieneinkommen eintritt, ist regelmäßig mit 10 % dieses Mehreinkommens zu bemessen.

Die Berechnung nimmt der BGH wie folgt vor:

Beispiel 2: Verheiratetes unterhaltspflichtiges Kind mit verdienendem Ehegatten, ohne Kinder

(Anmerkung: dies sind noch alte Tabellensätze - Familenselbstbehalt 2.450 €)	
Einkommen des Unterhaltspflichtigen	3.000,00 €
Einkommen der unterhaltsberechtigten Ehefrau	1.000,00 €
Familieneinkommen	4.000,00 €
abzüglich Familienselbstbehalt	2.450,00 €
	1.550,00 €
abzüglich 10 % Haushaltsersparnis	155,00 €
	1.395,00 €
davon ½	697,50 €
+ Familienselbstbehalt	2.450,00 €
individueller Familienbedarf	3.147,50 €
Anteil des Unterhaltspflichtigen (75 %)	2.360,63 €
Einkommen des Unterhaltspflichtigen	3.000,00 €
abzüglich	2.360,63 €
für den Elternunterhalt einsetzbar	**639,37 €**

Verdient der unterhaltspflichtige Ehegatte weniger, gilt Entsprechendes, dann beträgt der Anteil des den Eltern gegenüber unterhaltspflichtigen Ehegatten 25 % vom individuellen Familienselbstbehalt.

Variante Beispiel 2:

Einkommen des Unterhaltspflichtigen	1.000,00 €
Einkommen des Ehegatten	3.000,00 €
Familieneinkommen	4.000,00 €
abzüglich Familienselbstbehalt	2.450,00 €
	1.550,00 €
abzüglich 10 % Haushaltsersparnis	155,00 €
	1.395,00 €
davon ½	697,50 €
+ Familienselbstbehalt	2.450,00 €
individueller Familienbedarf	3.147,50 €
Anteil des Unterhaltspflichtigen (25 %)	786,75 €
Einkommen des Unterhaltspflichtigen	1.000,00 €
abzüglich	786,75 €
für den Elternunterhalt einsetzbar	**213,25 €**

Beispiel 3: Verheiratetes unterhaltspflichtiges Kind (Alleinverdiener) mit zwei Kindern (vereinfachte Rechnung)

➡ Zur Ermittlung des Elternunterhalts werden vom unterhaltrechtlich relevanten Einkommen (Bruttoeinkommen nach Abzug berücksichtigungsfähiger Kosten) die Unterhaltsansprüche von Ehefrau und Kindern abgezogen, das verbleibende Einkommen ist Berechnungsgrundlage für den Elternunterhalt.

Der Ehemann (unterhaltspflichtiges Kind) hat nach Abzug berücksichtigungsfähiger Kosten ein Einkommen von 4.500 €. Er hat zwei Kinder im Alter von acht und zwölf Jahren und ist verheiratet, die Ehefrau hat kein Einkommen. Zunächst wird vom Einkommen des Ehemannes der Kindesunterhalt abgezogen, der nach der Düsseldorfer Tabelle (Stand 1.1.2011) für das achtjährige Kind

554 € und für das zwölfjährige Kind 648 € beträgt. Der verbleibende Betrag von 3.423 € steht nach Abzug einer Pauschale für berufsbedingte Aufwendungen (s. S. 86) von fünf Prozent des Nettoeinkommens (= 225 €, soweit nicht höhere Kosten nachgewiesen werden können) zur Hälfte der Ehefrau zur Verfügung:

Einkommen	4.500,00 €
– Kindesunterhalt	1.202,00 €
Verbleibender Betrag	3.298,00 €
– 5 % Pauschale f. berufsbedingte Aufwendungen	225,00 €
Restbetrag	3.073,00 €
abzüglich Selbstbehalt (für Ehepaar)	2.700,00 €
Restbetrag	373,00
abzüglich häusliche Ersparnis (10 % vom Mindestselbstbehalt	37,30 €
	335,70 €
davon 50 %	167,80 €
für Ehepaar und Kinder zuzüglich Familienselbstbehalt	3.902,00 €
individueller Familienbedarf	4.069,80 €
Einkommen des Unterhaltspflichtigen	4.500,00 €
Für den Elternunterhalt einsetzbar	**430,20 €**

Bei den obigen Beispielen wurden aus Vereinfachungsgründen keine Mehrkosten für Miete, sekundäre Altersvorsorge etc. berücksichtigt.

Welches Vermögen muss herangezogen werden?

Nicht nur das Einkommen des unterhaltspflichtigen Kindes ist bei der Beurteilung von dessen Leistungsfähigkeit zu beachten, sondern auch das Vermögen. Grundsätzlich ist auch das Vermögen des unterhaltspflichtigen Kindes zum Unterhalt der Eltern heranzuziehen. Reicht das Einkommen nicht aus, ist ggf. aus dem Vermögen Unterhalt zu zahlen. Der BGH und auch das Bundesverfassungsgericht haben jedoch gewisse Grenzen hinsichtlich des Vermögenseinsatzes gezogen. Diese Grenzen ergeben sich bereits aus dem Unterhaltsrecht. Nach dem Gesetz muss man nur Unterhalt aus seinem Einkommen und Vermögen zahlen, solange der eigene Unterhalt nicht gefährdet ist.

Hieraus wäre eigentlich zu folgern, dass in all den Fällen, in denen sich aufgrund der o. g. Berechnungsunterlagen für das unterhaltspflichtige Kind ein Einkommen unter dem Selbstbehalt ergibt, ihm grundsätzlich nicht zugemutet werden kann, aus seinem Vermögen Unterhalt für die Eltern zu zahlen. Dies wird jedoch von den Amts- und Oberlandesgerichten derzeit teilweise anders gesehen. Außerdem wird teilweise differenziert, woher das Vermögen stammt. Handelt es sich nicht um Vermögen, welches sich das unterhaltspflichtige Kind selbst geschaffen hat, sondern das von den nunmehr unterhaltsbedürftigen Eltern stammt, ziehen einige Gerichte dies Vermögen zum Unterhalt mit heran, mit Ausnahme des selbst genutzten Wohnungseigentums.

In welchem Umfang muss ich das Vermögen zum Unterhalt einsetzen?

Hinsichtlich der Frage, ob und in welchem Umfang Sie Ihr Vermögen zum Unterhalt Ihrer Eltern einsetzen müssen, hat der BGH In seinem Urteil vom 30. August 2006 (Az: XII ZR 98/04) folgende Grundsätze aufgestellt:

Das unterhaltspflichtige Kind darf Vorsorge für sein Alter betreiben, wobei es ihm freisteht, wie es diese Vorsorge trifft, ob also durch Sparvermögen, Lebensversicherungen oder sonstige Kapitalanlagen. Dem Kind steht insofern ein Vermögensfreibetrag für die Alterssicherung zu, und zwar in Höhe von fünf Prozent des Bruttoeinkommens, das während des gesamten Erwerbslebens bis zum Renteneintritt erwirtschaftet wird.

Der BGH legt bei seiner Berechnung das aktuelle Bruttogehalt zum Zeitpunkt der Inanspruchnahme auf Elternunterhalt zugrunde und berücksichtigt eine Sparrate von vier Prozent. In dem entschiedenen Fall kommt der BGH bei einem mtl. Bruttoverdienst von 2.143,85 Euro und einem Berufsleben von 35 Jahren unter Berücksichtigung einer Rendite von vier Prozent auf einen Betrag von annähernd 100.000 Euro.

Es versteht sich von selbst, dass bei Selbstständigen bzw. Personen, die keine sekundäre Altersversorgung haben (nicht in eine gesetzliche oder berufsständische Rentenversicherung einzahlen oder Anspruch auf Beamtenversorgung haben), ein höherer Freibetrag gewährt werden muss. Dessen Höhe entspricht der Summe des Prozentbetrags, der in die primäre Rentenversicherung eingezahlt werden muss (damals 20 Prozent) zuzüglich fünf Prozent für die sekundäre Altersversorgung, also insgesamt 25 Prozent.

Neben diesem Freibetrag billigt der BGH aber noch weitere Freibeträge für notwendige Anschaffungen zu. Im vorliegenden Fall wurde ein weiterer Betrag von 21.700 Euro als Ersatzbeschaffung für einen neuen Pkw zugebilligt, da der alte zwölf Jahre alt war und das unterhaltspflichtige Kind beruflich auf einen Pkw angewiesen war. Begründet wurde dies damit, dass es wirtschaftlich sinnvoll sei, anstatt Schulden zu machen, teure Konsumgüter von einem vorab gesparten Betrag zu finanzieren. Sicherlich dürfte dieser Gedanke dann auch für Rücklagen zur Finanzierung von Reparatur- und Erhaltungsaufwendungen des selbst genutzten Eigenheims gelten.

In der Rechtspraxis verhält es sich derzeit so, dass eine Verwertung des Vermögens des unterhaltspflichtigen Kindes nicht schon dann in der Regel ausgeschlossen ist, wenn ihm ein unterhaltsrechtlich (bereinigtes) Einkommen unter dem Selbstbehalt verbleibt, sondern dass im Fall des Vorhandenseins von Vermögen das unterhaltspflichtige Kind darlegen muss, ob und wie das Vermögen für den eigenen Unterhalt und die Alterssicherung benötigt wird.

Hierzu ist es z. B. notwendig aufzuzeigen, wie sich die künftige Alterssicherung (Auskünfte der Rentenversicherung) und die Unterhaltspflicht gegenüber Ehegatten oder Kindern darstellen, insbesondere auch bezüglich einer jetzigen oder zukünftigen Ausbildung. Wenn ein Familieneinkommen unter dem Selbstbehalt erzielt wird, jedoch darüber hinaus neben einer selbst genutzten Immobilie noch Vermögen vorhanden ist, kann unter Umständen ein Vermögenseinsatz gefordert werden. Der zusätzliche Vermögensfreibetrag wird durch

Berechnung der Deckungslücke zum Mindestselbstbehalt und unter Berücksichtigung einer Altersvorsorge ermittelt.

Bisher gingen die Sozialhilfeträger davon aus, dass, wenn eine selbst genutzte Immobilie vorhanden ist, in der Regel eine zusätzliche Rücklage für die Altersvorsorge (bis zu 5 % des Bruttoeinkommens) neben den Hausbelastungen nicht abgesetzt werden kann. Soweit nach den jeweils örtlich unterschiedlich geltenden Sozialhilferichtlinien starre Vermögensfreigrenzen gewährt werden, hat der BGH diese Praxis bereits für rechtswidrig erachtet und darauf abgestellt, dass entsprechende Vermögensfreigrenzen individuell bestimmt werden müssen.

Der BGH hatte in seinem Urteil vom 30. August 2006 (Az: XII ZR 98/04) die Frage aufgeworfen, dass ein Freibetrag für die sekundäre Altersvorsorge eventuell nicht mehr gewährt wird, wenn selbst genutztes Grundvermögen vorhanden ist. Dies hat dazu geführt, dass die Sozialhilfeträger bei selbst genutztem Eigentum keine sekundäre Altersvorsorge anerkannt haben. Dieser schematischen Betrachtungsweise hat der BGH eine Absage erteilt.

Der BGH hat auf den konkreten Einzelfall unter Berücksichtigung des im Alter zur Verfügung stehenden Einkommens abgestellt. In seinem Urteil vom 28. Juli 2010 (Az: XII ZR 140/07) hat der Bundesgerichtshof ausgeführt:

> Die Höhe der Vorsorgeaufwendungen übersteigen mit 74,03 € monatlich den für die Zusatzvorsorge maßgeblichen Umfang von 5 % des Jahresbruttoeinkommens des Beklagten (rund 28.000 €) nicht, so dass gegen die unterhaltsrechtliche Anerkennung keine Bedenken bestehen (vgl. Senatsurteil vom 14. Januar 2004 – XII ZR 149/01 – FamRZ 2004, 792, 793). Gegen die Beurteilung des Berufungsgerichts, der Beklagte sei nicht bereits durch die im Miteigentum der Ehegatten stehende Eigentumswohnung hinreichend gesichert, bestehen ebenfalls keine rechtlichen Bedenken. Die (unbelastete) Eigentumswohnung hat eine Größe von nur 69 m². Das Miteigentum hieran lässt die monatliche Zahlung von 74,03 € nicht wegen anderweitig bereits bestehender Absicherung als Maßnahme der Vermögensbildung erscheinen.

Insofern ist die bisherige Praxis einiger Sozialhilfeträger, bei einer selbst genutzten Immobile für die sekundäre Altersvorsorge keine Ausgabe bzw. kein Schonvermögen in Höhe bis zu 5 % des Bruttoeinkommens anzuerkennen, rechtswidrig. Es ist aber notwendig, wie oben ausgeführt, die genau zu erwartende Altersvorsorge darzulegen.

Wenn das unterhaltspflichtige Kind (bei Alleinstehenden) oder das Ehepaar ein Einkommen unter dem Selbstbehalt, aber Vermögen besitzt, stellt sich die Frage, ob bzw. inwieweit ggf. aus dem Vermögen Elternunterhalt gezahlt werden muss. Zu dieser Frage existiert derzeit noch keine Rechtsprechung des BGH. Die Sozialhilfebehörden und die Gerichte verfahren hier unterschiedlich. Teilweise wird die Meinung vertreten, in einem solchen Fall verbiete sich eine Vermögensverwertung, andere sind der Ansicht, dass in bestimmten Fällen Unterhalt aus Vermögen gezahlt werden muss.

In einem Urteil hat das Familiengericht Konstanz vom Vermögen zunächst die sekundäre Altersvorsorge als Schonvermögen berücksichtigt. Vom übersteigenden Vermögen hat es unter Zugrundelegung der statistischen Lebenserwartung einen zusätzlichen Betrag zur Deckung der Lücke zwischen Selbstbehalt und tatsächlichem Einkommen sowie einen Zuschlag berücksichtigt. Der Restbetrag ist danach zum Elternunterhalt einzusetzen.

Beträgt z. B. der Mindestselbstbehalt 1.400 Euro und das Einkommen 1.000 Euro, ergibt sich eine monatliche Deckungslücke von 500 Euro, somit jährlich von 3000 Euro. Dieser Betrag wird mit der statischen (Noch-)Lebenserwartung multipliziert sowie ein entsprechender weiterer Zuschlag gewährt. Es handelt sich hier um eine individuelle Ermittlung, die derzeit rechtlich umstritten ist.

> Achtung: Es ist grundsätzlich nur das Vermögen des unterhaltspflichtigen Kindes einzusetzen, nicht das Vermögen der Ehegatten (Schwiegerkinder). Anders als beim Unterhalt aus Einkommen, bei dem zur Berechnung auch das Einkommen des Ehegatten herangezogen wird, wird das Vermögen des Ehegatten nicht für den Unterhalt der Schwiegereltern herangezogen.

Wenn das Vermögen aus einer Schenkung seitens der Eltern stammt

Stammt das Vermögen oder ein Teil des Vermögens vom unterhaltsbedürftig gewordenen Elternteil und ist dieses an das unterhaltspflichtige Kind oder an jemand anderen verschenkt worden, so kann, sollten seit Zeitpunkt der Schenkung noch keine zehn Jahre vergangen sein, diese Schenkung grundsätzlich zurückgefordert werden (s. S. 57 ff.).

Welche Freibeträge gelten?

Die Sozialhilfeträger haben zur Verwaltungsvereinfachung Richtlinien zum Vermögenseinsatz aufgestellt. Es gilt immer der höhere Freibetrag, entweder der nach den örtlich geltenden Sozialhilferichtlinien oder der nach der Rechtsprechung des BGH. Da es sich bei der Sozialhilfe um eine örtliche Angelegenheit handelt, die in der Ausführung von den jeweiligen Landkreisen, Städten und Bezirken selbst geregelt wird, gibt es eine Vielzahl unterschiedlicher Sozialhilferichtlinien.

> Im Sozialhilfegesetz finden sich keine Bestimmungen hinsichtlich der Vermögensfreibeträge, die unterhaltspflichtigen Angehörigen zu gewähren sind.

Der Bezirk Mittelfranken gewährt z. B. einem Unterhaltspflichtigen einen Vermögensfreibetrag von 35.000 €, wenn dieser eine selbst genutzte Immobilie besitzt, und einen Freibetrag von 75.000 €, wenn keine selbst genutzte Immobilie vorhanden ist.

Beim Bezirk Oberfranken setzt sich (Jahr 2010) der Vermögensfreibetrag wie folgt zusammen:

- Ein Notgroschen für unvorhergesehene Ereignisse
- Ein Aufstockungsbetrag zur Sicherung des bisherigen Lebensbedarfs (nur dann, wenn das bereinigte Einkommen unter dem Selbstbehalt liegt)
- Einem angemessenen Altersvorsorgebedarf

Als **Notgroschen** für unvorhergesehene Ereignisse wird ein Betrag in Höhe von 25 % des Jahresbruttogehaltes gewährt, mindestens 10.000 €. Liegt das bereinigte Einkommen unter dem Selbstbehalt wird ein **Aufstockungsbetrag** gewährt. Aus dem monatlichen Unterschiedsbetrag wird der Jahresbetrag errechnet und mit der statistischen Lebenserwartung des Unterhaltspflichtigen multipliziert, wobei ein Zinssatz von 4 % zugrunde gelegt wird. Für die **Alterssicherung** wird entsprechend der Rechtsprechung des BGH ein Betrag von 5 % des letzten Bruttoeinkommens mit einer Rendite von 4 % und einer Lebensarbeitszeit bis 35 Jahren gewährt. Ist geschütztes Immobilienvermögen vorhanden, wird in der Regel kein Vermögensfreibetrag für die Alterssicherung gewährt.

Beispiel anhand der Freibeträge des Bezirks Mittelfranken

(Stand 2010)	
Vermögen ohne selbst genutzte Immobilie	100.000 €
– Freibetrag	– 75.000 €
Übersteigender Betrag	25.000 €

Dieser übersteigende Betrag muss nunmehr für die nicht gedeckten Heimkosten – ausgenommen Grundsicherung und Wohngeld – eingesetzt werden. Betragen die ungedeckten Heimkosten z. B. 1.000 € monatlich, müssen bis zu 25 Monate lang an die Sozialhilfebehörde jeden Monat 1.000,00 € gezahlt werden.

Wie bereits ausgeführt, hat der BGH dieser schematischen Betrachtungsweise eine Absage erteilt. Konkret ausgedrückt heißt dies, dass nach den jeweils geltenden Sozialhilferichtlinien, die man beim zuständigen Sozialhilfeträger erfragen muss, diese Freibeträge die unterste Grenze darstellen. Ermit-

telt sich unter Zugrundelegung der nach den Sozialhilferichtlinien geltenden Freibeträge jedoch für den Elternunterhalt
einzusetzendes Vermögen, so kann unter Beachtung der oben
dargelegten Rechtsprechung des BGH in vielen Fällen ein
höherer Freibetrag durchgesetzt werden. Dies ist in der Regel
aber erst in einem Gerichtsverfahren möglich. (Die Sozialhilfebehörde klagt in der Regel vor dem Familiengericht den
ihrer Ansicht nach zu zahlenden Betrag ein.)

Wann sich die Vermögensverwertung verbietet

Eine Verwertung eines Vermögens kann z. B. nicht verlangt
werden, wenn sie den Unterhaltsschuldner von laufenden
Einkünften abschneiden würde, die er zur Erfüllung anderer
Unterhaltsansprüche oder anderer berücksichtigungsfähiger
Verbindlichkeiten benötigt.

Dies kann z. B. dann der Fall sein, wenn eine Immobilie oder
ein Betrieb entsprechende Erträge abwirft, die für den eigenen bzw. für den Familienunterhalt benötigt werden.

Eine Verwertung kann auch dann unwirtschaftlich sein bzw.
nicht verlangt werden, wenn eine Immobilie im Vergleich zu
den Erträgen, die sie jetzt abwirft, bei Verkauf einen niedri-
gen Preis erzielen würde.

Verlangt werden kann jedoch, dass ertragloses Vermögen,
z. B. eine Münzsammlung oder ein Baugrundstück, oder eindeutig unwirtschaftlich angelegtes Vermögen in eine ertrag-
reichere Form umgeschichtet wird.

Würden durch die Verwertung von Betriebsvermögen Steuern durch die Überführung in das Privatvermögen anfallen, so läge ein mit der Vermögensverwertung verbundener, nicht mehr vertretbarer Nachteil vor, sodass der Einsatz dieses Vermögens nicht verlangt werden kann. Hier kann sich – insbesondere bei Nebenerwerbslandwirten – eine besondere Problematik ergeben. Denn oft verhält es sich so, dass bei Verkauf wirtschaftlich genutzter Flächen erhebliche Steuern entstehen und außerdem eventuell Zuschüsse zu Subventionen etc. zurückgezahlt werden müssen. Eine Unwirtschaftlichkeit der Verwertung wird auch dann gegeben sein, wenn auf der betroffenen Immobilie noch erhebliche Schulden lasten und sich unter Berücksichtigung der gesamtwirtschaftlichen Lage ein Verlust und kein Gewinn ergäbe.

Die Verwertung eines Ferienhauses hat der Bundesgerichtshof in einer Entscheidung für zumutbar erachtet. Auch muss man sich ggf. unter Hinnahme von steuerlichen Nachteilen von einer Immobilie bzw. von Betriebsvermögen trennen, wenn diese keinen nennenswerten Gewinn abwerfen.

Weiterhin hat der BGH in einer Entscheidung darauf hingewiesen, dass bei der Verwertung eines Miterbenanteils auch Rücksicht auf die Belange der Miterben genommen werden müsse. Allgemein wird derzeit in der Rechtsliteratur die Meinung vertreten, dass das Vermögen für den Elternunterhalt nicht eingesetzt werden muss, wenn dies unbillig wäre. Dabei kommt es nicht nur auf die Verhältnisse des Unterhaltspflichtigen an, sondern auf alle Umstände.

> Zu berücksichtigen ist nach einigen Meinungen nicht nur das Vermögen, sondern auch die Erträge nach Abzug von Steuern und Verwaltungskosten.

Wenn der Unterhaltsbetrag im Verhältnis gering ist

Wenn es sich um einen geringen Unterhaltsbetrag im Vergleich zum vorhandenen Vermögen handelt, wird in der Regel der vollkommene Vermögenseinsatz gefordert. Dies spielt insbesondere dann eine Rolle, wenn der Unterhaltsbetrag feststeht und sich nicht mehr erhöht, z. B. weil der unterhaltsberechtigte Elternteil mittlerweile gestorben ist.

Beispiel

> So wurde bei einem angeblich anzusetzenden Vermögen von 240.000 € und bei einem rückständigen Unterhalt in Höhe von 10.000 € die Zumutbarkeit des Vermögenseinsatzes bejaht.

Wie kann ich mich gegen Forderungen wehren?

Gegen Ansprüche auf Unterhalt setzt man sich anders zur Wehr als z.B. gegen die Aufforderung Auskunft zu erteilen.

In diesem Kapitel erfahren Sie,

- in welchen Fällen Sie Widerspruch und Klage erheben können (S. 112 / 122),
- wann Sie sich verklagen oder mahnen lassen müssen (S. 118) und
- mit welchen Kosten Sie rechnen müssen (S. 124).

Wann und wie Sie Widerspruch und Klage erheben können

Bei der Aufforderung, Auskunft zu erteilen, beim Kostenersatz und beim sogenannten Überleitungsbescheid (es werden sonstige Ansprüche z. B. Abgeltung von Wart und Pflege, Rückforderung von Schenkungen geltend gemacht) handelt es sich um Verwaltungsakte (s. S. 67 ff.), die mit den Rechtsmitteln des Widerspruchs und, sollte der Widerspruch erfolglos sein, mit der Klage angegriffen werden können.

Beachten Sie, dass es sich bei der sogenannten Rechtswahrungsanzeige, also der Mitteilung, dass Unterhaltsansprüche auf den Sozialhilfeträger übergegangen sind, nicht um einen Bescheid handelt. Hiergegen können Sie also keinen förmlichen Widerspruch einlegen, sondern nur Einwendungen erheben. Einigen Sie sich bezüglich der Höhe des von Ihnen an die Behörde zu zahlenden Unterhalts nicht, so müssen Sie nicht vor Gericht gehen, sondern die Behörde muss Sie vor dem Familiengericht verklagen (s. S. 118).

Was muss ich beim Widerspruch beachten?

Zuständig für den Widerspruch ist die Behörde, die den Bescheid erlassen hat. In bestimmten Fällen wird der Widerspruch, wenn ihm von der Ausgangsbehörde nicht abgeholfen wird, der nächst höheren Behörde zur Entscheidung übergeben.

Fristen einhalten

Grundsätzlich enthält der Bescheid eine sogenannte Rechtsmittelbelehrung, in der darauf hingewiesen wird, dass innerhalb eines Monats Widerspruch eingelegt werden kann und bei welcher Stelle. Ist keine Rechtsbehelfsbelehrung enthalten, beträgt die Widerspruchsfrist ein Jahr. Sie beginnt mit Kenntnisnahme des Bescheids. Heben Sie deshalb den Briefumschlag mit dem Poststempel bzw. den Zustellungsvermerk sorgfältig auf. Kann der Tag der Zustellung nicht nachgewiesen werden, so gilt der Bescheid grundsätzlich am dritten Tag nach der Aufgabe zur Post als zugestellt.

Zur Fristwahrung genügt es, wenn Sie den Widerspruch bei der örtlichen Gemeinde, also bei der Gemeinde- oder Stadtverwaltung, abgeben. Fertigen Sie sich unbedingt eine Kopie des Widerspruchs an und lassen Sie sich von der Behörde den Eingang des Widerspruchs schriftlich auf dieser Kopie bestätigen. Es reicht auch aus, wenn Sie den Widerspruch innerhalb der Frist in den Briefkasten der Behörde einwerfen. Nehmen Sie sich aber in diesem Fall einen Zeugen mit, der den Einwurf bestätigen kann.

Form und Begründung

Zwar muss der Widerspruch gegen den Bescheid nicht begründet werden. Eine solche Begründung sollte jedoch trotzdem erfolgen, da die Behörde sonst nicht weiß, welche Gründe Sie gegen den Bescheid vorbringen, und sie ihn somit auch nicht überprüfen kann.

Hier das Muster eines Widerspruchs:

An das Sozialamt/Bezirk
(Der Widerspruch geht immer an die Behörde, die den Bescheid erlassen hat.)
über
die Stadt/Gemeinde

Datum

In Sachen
(Hans Mustermann)

gegen

erhebe ich gegen den Bescheid vom ..., zugegangen am ..., Az: ... Widerspruch

Bitte leiten Sie den Widerspruch an die zuständige Behörde weiter.

Ich stelle folgende Anträge:
1.) Der Bescheid vom ... wird aufgehoben
2.) Die Widerspruchsgegnerin trägt die außergerichtlichen Kosten des Verfahrens.

Die Begründung werde ich in einem gesonderten Schreiben nachreichen.

Unterschrift

Die Wirkung des Widerspruchs

Der Widerspruch gegen die Erteilung von Auskunft hat zunächst aufschiebende Wirkung. Werden Sie zum Beispiel zur Auskunft aufgefordert und haben Sie gegen diese Aufforderung Widerspruch eingelegt, so dürfen zunächst keine Zwangsmittel wie etwa Zwangsgeld verhängt werden, es sei denn, die sofortige Vollziehung wurde ausdrücklich im Bescheid angeordnet.

> Gegen die Anordnung der sofortigen Vollziehung können Sie beim Gericht einen Antrag auf Wiederherstellung der aufschiebenden Wirkung des Widerspruchs stellen.

Zuständig ist für den Bereich der Sozialhilfe sowohl für den Antrag auf Wiederherstellung der aufschiebenden Wirkung als auch für die Klage gegen einen ablehnenden Widerspruchsbescheid das Sozialgericht.

Der Widerspruchsbescheid

Nachdem sich die Behörde mit dem Widerspruch befasst hat, erlässt sie einen sogenannten Widerspruchsbescheid. Dieser Widerspruchsbescheid sollte förmlich zugestellt werden. Es kann aber auch vorkommen, dass er mit der normalen Post kommt.

Rechtsmittel gegen den Widerspruchsbescheid: die Klage

Gegen den Widerspruchsbescheid können Sie Klage beim Sozialgericht erheben. Die Frist für die Einlegung der Klage beträgt ebenfalls einen Monat. Auch hier gilt, dass grundsätzlich die Einmonatsfrist ab Zustellung des Bescheids beginnt, wobei grundsätzlich der Bescheid drei Tage nach Übergabe zur Post als zugestellt gilt.

Hier das Muster einer Klage gegen den Widerspruchsbescheid:

> An das Sozialgericht
> über
> die Stadt/Gemeinde
>
> Datum
>
> In Sachen (Hans Mustermann) – Kläger -
> gegen
> Bezirk ... (hier immer die Behörde nennen, die den Bescheid erlassen hat)
>
> erhebe ich gegen den Bescheid der Beklagten vom ... in der Gestalt des Widerspruchsbescheids vom ... zur Fristwahrung
> Klage.
>
> Antragstellung und Begründung bleiben einem gesonderten Schriftsatz vorbehalten.
>
> Eine Kopie des Ablehnungsbescheids und des Widerspruchsbescheids ist jeweils beigefügt.
>
> Unterschrift

Wenn Sie die Frist versäumt haben

Haben Sie vom Bescheid oder vom Widerspruchsbescheid erst später Kenntnis erlangt, so müssen Sie dies nachweisen. Rein vorsorglich sollten Sie mit Einlegung des verspäteten Widerspruchs oder der verspäteten Klage einen Antrag auf Wiedereinsetzung in den vorigen Stand stellen. Dieser Antrag ist innerhalb einer Woche ab Kenntnis des Bescheids bzw. des Widerspruchsbescheids zu stellen und mit entsprechenden Beweismitteln zu begründen. In der Regel soll hier eine eidesstattliche Versicherung vorgelegt werden, aus der sich ergibt, warum Sie zu spät Kenntnis vom Bescheid oder vom Widerspruchsbescheid erlangt haben.

Da Sie damit rechnen müssen, dass die Widerspruchs- oder die Klagefrist versäumt ist, sollten Sie gleichzeitig mit Einlegung des Widerspruchs oder der Klage einen Antrag auf Überprüfung des Bescheids (Überprüfungsantrag) stellen. Auch nach Versäumung der Widerspruchs- oder Klagefrist kann ein rechtskräftiger Bescheid oder Widerspruchsbescheid nachträglich aufgehoben oder geändert werden, wenn sich herausstellt, dass bei Erlass des Bescheids das Recht unrichtig angewandt wurde oder die Behörde von falschen Tatsachen ausgegangen ist.

> Da man nicht weiß, ob man Erfolg mit dem Antrag auf Wiedereinsetzung hat, sollte man grundsätzlich parallel einen Überprüfungsantrag stellen.

Widerspruch und Klage gegen einen Überleitungsbescheid

Widerspruch und Klage gegen einen Überleitungsbescheid haben keine aufschiebende Wirkung (§ 93 Abs. 3 SGB XII). Das bedeutet, dass nach Erlass des Überleitungsbescheids die Behörde sofort vor dem Zivilgericht die Forderung durch Mahnbescheid bzw. Klage geltend machen kann.

Haben Sie also gegen den Überleitungsbescheid Widerspruch oder – nach Erlass des negativen Widerspruchsbescheids – Klage erhoben, müssen Sie, um die aufschiebende Wirkung des Widerspruchs bzw. der Klage wiederherzustellen, beim Sozialgericht Antrag auf Wiederherstellung der aufschiebenden Wirkung des Widerspruchs bzw. der Klage stellen.

Rechtsmittel bei Geltendmachung von Unterhaltsansprüchen

Gegen Ansprüche auf Unterhalt können Sie sich grundsätzlich nicht mit verwaltungsrechtlichen Mitteln (Widerspruch und Klage) wehren, sondern Sie müssen von der Behörde vor dem Familiengericht verklagt werden.

Wenn ein Mahnbescheid kommt

Oft erhebt die Behörde jedoch keine Klage, sondern beantragt zunächst den Erlass eines Mahnbescheids beim Mahngericht. Der Mahnbescheid wird nach Prüfung durch das Mahngericht zugestellt. Gegen diesen Bescheid können Sie dann innerhalb von zwei Wochen beim Mahngericht (Eingang beim Mahngericht) Widerspruch einlegen. Dazu genügt es, auf dem Mahnbescheidsformular anzukreuzen, dass Sie Widerspruch einlegen, und dieses Formblatt dann unverzüglich (am besten mit Einschreiben und Rückschein) an das Mahngericht zu schicken.

Im Gegensatz zum verwaltungsrechtlichen Widerspruch wird der Widerspruch gegen den Mahnbescheid nicht begründet. Die Behörde muss dann innerhalb von sechs Monaten die Forderung durch einen Schriftsatz beim Gericht begründen. Diese Klage (auch Anspruchsbegründung genannt) wird Ihnen zugestellt. In der Regel setzt das Gericht eine Frist von zwei Wochen sowohl zur Anzeige, dass man sich gegen den Anspruch verteidigen will, als auch für den Verteidigungsschriftsatz (Klageerwiderung).

Zwar benötigen Sie keinen Anwalt (s. S. 123), zumindest dann, wenn der Rechtsstreit in der ersten Instanz vor dem Amtsgericht stattfindet. Das Verfahren vor dem Familien- und dem Zivilgericht unterliegt jedoch teilweise strengen Regeln, sodass der Laie im Allgemeinen überfordert ist, eine ordnungsgemäße Klageerwiderung zu fertigen.

> Es empfiehlt sich, spätestens zu diesem Zeitpunkt einen spezialisierten Anwalt zur Rate zu ziehen.

Alternative: Einigung auf dem Verhandlungsweg

Wenn Sie nicht warten möchten, bis die Behörde einen Mahnbescheid beantragt bzw. Klage erhebt, können Sie der

Behörde nach Zugang der Zahlungsaufforderung Gegenvorstellungen unterbreiten und auf Basis dieser Gegenvorstellungen Verhandlungen über das Bestehen bzw. die Höhe des zu leistenden Unterhalts führen.

Kommen Sie zu keiner Einigung, können und müssen Sie als Unterhaltspflichtiger keine verwaltungsrechtlichen Rechtsmittel wie Widerspruch und Klage einlegen. Vielmehr muss die Behörde Sie dann, wie oben ausgeführt, vor dem Familiengericht auf Unterhalt – ggf. zunächst im Wege der Stufenklage – auf Auskunft und Unterhalt verklagen.

Wenn es vor Gericht geht

Werden Unterhaltsansprüche geltend gemacht, ist in erster Instanz das Familiengericht beim Amtsgericht Ihres Wohnortes zuständig.

Es empfiehlt sich, spätestens, wenn Ihnen die Klage zugestellt wird, einen Anwalt zu beauftragen, der mit den Besonderheiten des Elternunterhalts und den damit verbundenen sozialrechtlichen Fragen vertraut ist.

Im Ausnahmefall: Feststellungsklage vor dem Sozialgericht

Grundsätzlich können Sie auch gegen die Rechtswahrungsanzeige und die Zahlungsaufforderung Feststellungsklage beim Sozialgericht erheben. Mit dieser Feststellungsklage wird die Feststellung beantragt, dass der übergeleitete Anspruch nicht besteht.

Dies ist aber nur in bestimmten Fällen sinnvoll, nämlich dann, wenn sich bereits aus dem Sozialhilferecht ergibt, dass der Anspruch, der übergeleitet wird, nicht besteht. Das Sozialgericht befasst sich jedoch nicht mit der Frage, ob der Anspruch grundsätzlich nach familien- bzw. zivilrechtlichen Vorschriften begründet ist. Werden solche Einwendungen gebracht, wird die Feststellungsklage grundsätzlich mit dem Argument abgewiesen, dass es sich hier um eine zivil- bzw. familienrechtliche Frage handle und das Zivil- bzw. Familiengericht hierfür zuständig sei.

In Frage kommt eine Feststellungsklage vor allem dann, wenn der Sozialhilfeträger Unterhaltsansprüche gegen andere als Verwandte ersten Grades geltend macht, also von Großeltern gegen Enkel oder gegen Geschwister.

Weiterhin darf der Unterhaltsanspruch durch die Behörde nicht geltend gemacht werden, wenn

- der Unterhaltspflichtige selbst Sozialhilfeempfänger ist oder durch Erfüllung der Unterhaltspflicht würde oder folgende Leistungen nach dem Sozialhilferecht erhält:
  - Hilfe zur Gesundheit,
  - Eingliederungshilfe für behinderte Menschen,
  - Hilfe zur Pflege,
  - Hilfe zur Überwindung besonderer sozialen Schwierigkeiten,
  - Hilfe in anderen Lebenslagen;
- der Übergang des Anspruchs eine besondere Härte darstellen würde (§ 94; § 19 SGB XII).

Zwar muss das Familiengericht grundsätzlich überprüfen, ob die geltend gemachte Forderung tatsächlich übergegangen ist, jedoch empfiehlt es sich – sollten entsprechende Anhaltspunkte vorhanden sein –, dies von den dazu zuständigen Sozialgerichten überprüfen zu lassen. Sollte das Sozialgericht feststellen, dass der Unterhaltsanspruch aufgrund der verwaltungsrechtlichen Schutzvorschriften nicht übergegangen ist, wird die Behörde keine Klage mehr vor dem Familiengericht erheben.

Vor dem Sozialgericht besteht kein Anwaltszwang. Außerdem gilt das Amtsermittlungsprinzip. Sie können sich somit, wenn nach verwaltungsrechtlichen Vorschriften offensichtlich kein Unterhaltsanspruch besteht, vor dem Sozialgericht kostengünstig gegen die Forderung wehren. Zumindest derzeit ist das Sozialgerichtsverfahren noch kostenlos.

Kommt das Gericht zur Ansicht, dass der entsprechende Unterhaltsanspruch nicht übergegangen ist, so ist die Sozialhilfebehörde vor dem Zivil- bzw. Familiengericht nicht berechtigt, diesen Anspruch geltend zu machen, da ihr die sogenannte Aktivlegitimation fehlt. Würde der Sozialhilfeträger trotzdem vor dem Zivil- bzw. Familiengericht klagen, so würde er diesen Rechtsstreit auf jeden Fall verlieren.

Rechtsmittel gegen den Übergang sonstiger Ansprüche

Alle sonstigen Ansprüche, die keine Unterhaltsansprüche sind, müssen zunächst durch einen Überleitungsbescheid gem. § 93 SGB XII auf die Sozialhilfebehörde übergeleitet werden.

Da es sich um echte verwaltungsrechtliche Bescheide handelt, kann gegen diesen Überleitungsbescheid Widerspruch und, sollte der Widerspruch abgelehnt werden, Klage vor dem Sozialgericht erhoben werden. Hinsichtlich Form und Frist des Widerspruchs und der Klage sei auf die obigen Ausführungen hingewiesen.

Gem. § 93 Abs. 3 SGB XII haben Widerspruch und Klage gegen den Bescheid, mit dem sonstigen Ansprüche des Hilfeempfängers gegen Dritte geltend gemacht werden, keine aufschiebende Wirkung. Will man dies erreichen, muss man beim Sozialgericht neben dem Widerspruch bzw. der Klage Antrag auf Wiederherstellung der aufschiebenden Wirkung des Widerspruchs oder der Klage stellen.

Hinsichtlich der Frage, ob es sinnvoll ist, gegen einen solchen Überleitungsbescheid Widerspruch bzw. Klage zu erheben, gelten sinngemäß die Ausführungen wie bei der Geltendmachung von Unterhaltsansprüchen.

Welches Gericht ist zuständig?

Erst wenn der Überleitungsbescheid rechtskräftig ist, darf die Behörde die vermeintliche Forderung gegen den Dritten geltend machen. Vollstrecken kann sie jedoch nicht, sie darf nicht den Gerichtsvollzieher schicken. Weigert sich der Betroffene, die entsprechende Forderung, z. B. auf Abgeltung von Wohn- oder Nutzungsrechten zu erfüllen, muss die Behörde dem Betreffenden zunächst vor dem dafür zuständigen Zivilgericht verklagen.

Im Unterschied zur Geltendmachung von Unterhaltsansprüchen ist jetzt nicht das Familiengericht, sondern das Zivilgericht zuständig. Dabei kommt es darauf an, wie hoch die Forderung ist.

- Bei Forderungen über 5.000 Euro ist in erster Instanz das Landgericht, in zweiter Instanz das Oberlandesgericht zuständig.
- Bei geringeren Forderungen ist in erster Instanz das Amtsgericht zuständig, in zweiter Instanz das Landgericht.

> In ganz besonderen Fällen ist die Revision gegen Entscheidungen des zweiten Gerichts zum Bundesgerichtshof möglich.

Wer trägt die Kosten?

Vor Gericht fallen Anwalts- und Gerichtkosten an. Jeder muss seinen Anwalt zahlen. Klagt die Behörde, fallen in der Regel keine Gerichtskosten an. Die endgültige Kostentragung hängt von Verhältnis des Gewinnens und Verlierens ab. Entsprechendes gilt bei Abschluss eines Vergleiches. Verlieren Sie vollständig, müssen Sie z. B. Ihre Anwaltskosten und die der Gegenseite sowie die vollen Gerichtskosten zahlen. Gewinnen Sie z. B. zur Hälfte (Sie werden auf 10.000 € verklagt, das Gericht verurteilt Sie nur zu 5.000 €), müssen Sie und die Gegenseite jeweils die Hälfte der gesamten Gerichts- und Anwaltskosten zahlen.

Stichwortverzeichnis

Abgeltung für freie Kost und Logis 43
Abgeltung für Pflegeverpflichtung 43
Abgeltung für Wohnungsrecht 42
Abgeltung von Wohnrechten 55
Altersvorsorge 44, 87
Angemessene Kosten 41
Ansprüche aus Übergabeverträgen 51
Ausgaben 85
Auskunftsersuchen 47, 67
Ausschluss des Unterhaltsanspruchs 13
Betreuungsvollmacht 48
Demenz 26 f., 29, 35 f.
Einkommen 12 f., 42
Einnahmen 82
Erben, Kostenersatz 65
Freie Kost und Logis 43
Grobe Unbilligkeit 14
Gröbliche Vernachlässigung 14
Grundpflege 35
Häusliche Pflegehilfe 27
Hauswirtschaftliche Versorgung 35
Heimkosten 38, 40
Hilfe zur Pflege 38
Kindergeld 85
Klage 36, 112, 115
 – Muster 116
Kostenersatz 65, 74
Kurzzeitpflege 30
Leibgedinge 51
Mahnbescheid 118
Medizinischer Dienst der
 Krankenversicherung (MDK) 33
Mindestselbstbehalt 90
Nachrangprinzip 45, 49
Nießbrauch 42
Nutzungsgeld 42
Nutzungsrechte 57
Pflegehilfe 27
Pflegekosten 38
Pflegestufe 33, 35 f.
Pflegetagebuch 33 f.

Pflegeverpflichtung 43
Pflegeversicherung 25
Rechtsmittel 112
 – Fristsäumnis 117
 – Kosten 124
 – Zuständigkeit des Gerichts 123
Rechtswahrungsanzeige 67
Rückforderung von Schenkungen 57
Schenkung 105
 – Rückforderung 57
 – von Grundstücken und
 landwirtschaftlichen Betrieben 62
Schonvermögen 44
Schwiegerkinder 18
Selbst beschaffte Pflegehilfe 27
Sicherung des eigenen Unterhalts 78
Sicherung des Lebensunterhalts 38
Übergabeverträge 51
Übergang von sonstigen Forderungen 49
Übergang von Unterhaltsansprüchen 49
Überleitung von Ansprüchen 75
Überleitungsbescheid 50
 – Widerspruch und Klage 118
Ungedeckter Bedarf 37, 41
Unterhalt
 – Berechnung 77, 93
 – Verwirkung 17
Unterhaltspflicht 6
Unterhaltsrelevantes Einkommen 78
Verarmung des Schenkers 58
Verhinderungspflege 30
Vermögen 43, 99
 – Freibeträge 106
Verwirkung des Unterhalts 17
Vollstationäre Einrichtungen 40
Vorsorgevollmacht 48
Widerspruch 36, 112 ff.
Widerspruchsbescheid 115
Wohnrechte 55
Wohnungsrecht 42
Zeitkorridore 33

Bibliografische Information der Deutschen Nationalbibliothek
Die Deutsche Nationalbibliothek verzeichnet diese Publikation in der Deutschen Nationalbibliografie; detaillierte bibliografische Daten sind im Internet über http://dnb.d-nb.de abrufbar.

ISBN 978-3-648-01436-0
Bestell Nr. 00890-0005

5., aktualisierte Auflage 2011

© 2011, Haufe-Lexware GmbH & Co. KG, Munzinger Straße 9, 79111 Freiburg
Redaktionsanschrift: Fraunhoferstraße 5, 82152 Planegg/München
Telefon: (089) 895 17-0
Telefax: (089) 895 17-290
www.haufe.de
online@haufe.de
Lektorat: Sylvia Rein, Kathrin Buck
Redaktion: Jürgen Fischer
Redaktionsassistenz: Christine Rüber

Alle Rechte, auch die des auszugsweisen Nachdrucks, der fotomechanischen Wiedergabe (einschließlich Mikrokopie) sowie der Auswertung durch Datenbanken oder ähnliche Einrichtungen vorbehalten.

Konzeption und Realisation: Sylvia Rein, 81379 München
Umschlaggestaltung: Kienle gestaltet, Stuttgart
Umschlagentwurf: Agentur Buttgereit & Heidenreich, 45721 Haltern am See
Desktop-Publishing: Agentur: Satz & Zeichen, Karin Lochmann, 83071 Stephanskirchen
Druck: freiburger graphische betriebe, 79108 Freiburg

Zur Herstellung der Bücher wird nur alterungsbeständiges Papier verwendet.

Der Autor

Michael Baczko

Ist seit vielen Jahren Fachanwalt für Sozialrecht mit eigener, traditionsreicher Kanzlei in Erlangen. 2010 Zusammenschluss mit der Anwalts- und Steuerkanzlei richter & partner in Erlangen. Rechtsanwalt Michael Baczko ist Vorstandsmitglied zahlreicher sozialer Institutionen und Vereine sowie Vertrauensanwalt der Stiftung Gesundheit. Beim Anwaltsranking 2002 der Zeitschrift „Focus" war er als einer der besten deutschen Anwälte für Sozialrecht gelistet. Er wirkt seit Jahren in TV-Sendungen als Experte mit und ist Verfasser zahlreicher Ratgeber im Bereich des Senioren- und Sozialrechts.

Weitere Literatur

„Patientenverfügung und Testament" von Gerhard Geckle, 262 Seiten, mit CD-ROM, € 16,80.
ISBN 978-3-448-09507-4, Bestell-Nr. 07213

„Die Vorsorge-Mappe. Testamente, Vollmachten, Verfügungen" von Michael Baczko und Constanze Trilsch, 168 Seiten, mit CD-ROM, € 16,80.
ISBN 978-3-448-09957-7, Bestell-Nr. 07230

„Pflegeversicherung" von Manfred Stradinger, 96 Seiten, € 6,90.
ISBN 978-3-448-09121-2, Bestell-Nr. 00983

Haufe TaschenGuides
Kompakte Informationen zum kleinen Preis

Der Betrieb in Zahlen

- ABC des Finanz- und Rechnungswesens
- 400 Mini-Jobs
- Balanced Scorecard
- Betriebswirtschaftliche Formeln
- Bilanzen
- BilMoG
- Buchführung
- Businessplan
- BWL Grundwissen
- BWL kompakt
- Controllinginstrumente
- Deckungsbeitragsrechnung
- Einnahmen-Überschussrechnung
- Finanz- und Liquiditätsplanung
- Formelsammlung Betriebswirtschaft
- Formelsammlung Wirtschaftsmathematik
- Die GmbH
- IFRS
- Kaufmännisches Rechnen
- Kennzahlen
- Kontieren und buchen
- Kostenrechnung
- Statistik
- VWL Grundwissen

Mitarbeiter führen

- Besprechungen
- Checkbuch für Führungskräfte
- Führungstechniken
- Die häufigsten Managementfehler
- Management
- Managementbegriffe
- Mitarbeitergespräche
- Moderation
- Motivation
- Projektmanagement
- Qualitätsmanagement
- Spiele für Workshops und Seminare
- Teams führen
- Workshops
- Zielvereinbarungen und Jahresgespräche

Karriere

- Assessment Center
- Existenzgründung
- Gründungszuschuss
- Jobsuche und Bewerbung
- Vorstellungsgespräche

Geld und Specials

- Sichere Altersvorsorge
- Energie sparen im Haushalt
- Energieausweis
- Geldanlage von A-Z
- Immobilien erwerben
- Immobilienfinanzierung
- Meine Ansprüche als Rentner
- Die neue Rechtschreibung
- Eher in Rente
- Web 2.0
- Zitate für Beruf und Karriere
- Zitate für besondere Anlässe

Persönliche Fähigkeiten

- Allgemeinwissen Schnelltest
- Ihre Ausstrahlung
- Burnout
- Business-Knigge
- Mit Druck richtig umgehen